Axel Brück

# Die Anderswelt-Reise

Arun

Arun-Verlag, Engerda 28, D-07407 Uhlstädt-Kirchhasel
Tel.: 036743-233-0, Fax 036743-233-17
email: info@arun-verlag.de, Internet: www.arun-verlag.de
Titelbild: Axel Brück (mit Pettra Engeländer als Model).
Buchgestaltung: Holger Kliemannel, Arun.
Fotos & Zeichnungen: Axel Brück.
Gesamtherstellung: Hubert & Co., Göttingen.



ISBN 978-3-935581-84-4

# Inhaltsverzeichnis

# Einleitung

Die erste Fassung dieses Textes entstand 1989 als Manuskript für die Teilnehmer an meinen Workshops. Seitdem habe ich in meinen Seminaren und durch meine Arbeit viel darüber gelernt, wie das gewiss nicht einfache Thema der schamanischen Reise oder Anderswelt-Reise sich vermitteln lässt. Deshalb habe ich im Laufe der Jahre den Text mehrere Male vollständig überarbeitet, umgestellt und stark erweitert. Er enthält jetzt neben dem ausführlichen praktischen Teil auch eine theoretische Einführung. Sei nicht ungeduldig! Wenn Du die Anderswelt-Reise erlernen willst, solltest Du Dich vorher mit den Grundlagen beschäftigen. Dafür gibt es zwei gute Gründe:

Erstens ist in unserer eigenen Geschichte die schamanische Tradition seit langem abgerissen und verschüttet. Deshalb müssen wir die Verbindungen zu unserer Vergangenheit erst einmal auffinden und wieder herstellen. Wie Du noch sehen wirst, ist es wichtig, soweit möglich mit den Kräften der eigenen Vergangenheit und des eigenen Landes zu arbeiten, weil sie für Dich stärker sind als solche, die nicht zu uns gehören. Deshalb ziehe ich es übrigens auch vor, den Begriff Anderswelt-Reise statt schamanische Reise zu verwenden, weil die Vorstellung von der Anderswelt uns aus unserer eigenen Vergangenheit vertraut ist.

Zweitens haben wir als Mitteleuropäer des dritten Jahrtausends zwangsläufig eine Prägung durch unsere Umgebung und unsere Erziehung in uns, die es einfach erforderlich macht, auch unseren Verstand, den Intellekt, mit den Vorstellungen und Konzepten der Anderswelt-Reise vertraut zu machen und zu versöhnen. Wenn irgendwo im Hintergrund Deines Gehirns irgendwelche intellektuellen Zweifel über die Wirklichkeit der Anderswelt und der Anderswelt-Reise nagen, werden Deine Versuche weitgehend zum Scheitern verurteilt sein.

Teil I dieses Buches beschäftigt sich deshalb mit der „Beruhigung des Verstandes". Zunächst wird kurz in einem historisch-ethnografischen Abriss beschrieben, was die schamanische Reise eigentlich ist, woher sie kommt und welche Rolle sie in unserer eigenen Vergangenheit gespielt hat. Außerdem gehe ich auf die Frage ein, warum schamanische Arbeit, die eigentlich schamanisches Leben ist oder zumindest sein sollte, heute und in unserer Kultur wieder einen außerordentlich hohen Stellenwert gewinnt.

Danach wird untersucht, warum und in welcher Weise die Anderswelt-Reise „real" ist und was es mit diesem Wort „real" eigentlich auf sich hat.

Teil II dieses Buches beschreibt die „handwerkliche" Seite der Anderswelt-Reise. Hier erläutere ich in allen Einzelheiten, wie eine solche Reise durchgeführt wird. Ich zeige Dir die verschiedenen Arten der Anderswelt-Reise und ihre „Randbedingungen" und beschreibe die Reisehaltungen, die verschiedenen Klänge und das „Vorneweg" und „Hinterher". Dazu erfährst Du etwas über die Bedeutung und Wichtigkeit von Ritualen und über die Möglichkeit, Rituale selbst durchzuführen. Einen breiten Raum nimmt dann die Beschreibung der Wahrnehmung der nichtalltäglichen Wirklichkeit ein und die Frage nach der Wichtigkeit, die innere Bildsprache zu organisieren und zu trainieren.

Teil III dieses Buches beschreibt die Möglichkeiten, die sich durch die Arbeit mit der schamanischen Reise eröffnen. Ich zeige Dir, wie Du durch die Arbeit mit Deinem Krafttier und dem Berater sowie anderen Wesen der nicht alltäglichen Wirklichkeit für Dich Wissen, Weisheit und Einsicht gewinnen kannst und wie die schamanische Reise zur Erlangung von Informationen und Kraft, sowie für Heilung und Selbstheilung eingesetzt wird. Außerdem wirst Du Wege der „Spiritualität" kennen lernen, die unmittelbar aus dem Umgang und der Vertrautheit mit der Anderswelt entstehen.

Dazu muss ich anmerken, dass Schamanismus weder eine Religion noch eine Sekte ist. Er ist nicht einmal ein wohl definiertes und fest gefügtes Glaubenssystem. Der Schamanismus ist vielmehr ein Weg der Spiritualität, der neben vielen praktischen Dingen auch die persönliche Erfahrung des Göttlichen in der Welt erlaubt. Für viele Menschen verträgt sich diese Erfahrung nicht nur mit ihrem Glauben – z.B. als Christen – sie ergänzt ihn sogar und macht ihn vollständiger. Für andere wiederum führt sie zu einer Form des Glaubens in der Art der Naturreligionen.

Der Ausgang oder das Ziel des spirituellen Wegs des Schamanismus ist offen, weil er eben ein Weg des persönlichen Erfahrens ist, nicht ein Weg der Glaubenssysteme oder der guru-mäßigen Lehre bestimmter und vorgegebener Inhalte.

Eines allerdings muss klar gesagt werden: Ohne den wie auch immer gearteten Glauben an das Göttliche in der Welt ist schamanische Arbeit nicht möglich. Wer nicht glaubt, kann dies allerdings durch die schamanische Arbeit „erlernen". In jedem Fall wird sich auf diesem schamanischen Weg zeigen, dass es eigentlich gar nicht um „Glauben" geht. Die persönliche Erfahrung schafft Gewissheit, nicht Glauben: Wir sind nicht darauf angewiesen etwas zu glauben, wir können uns durch die persönliche Erfahrung der Anderswelt für uns selbst Gewissheit verschaffen, dass etwas so ist – und nicht anders.

Eines ist dabei sehr wichtig zu wissen: Es gibt verschiedene Wege der Spiritualität, die alle zu einem Ziel führen. Der schamanische Weg ist nur einer davon. Ich bin zwar durch die Erfahrungen, die ich im Laufe der Jahrzehnte gemacht habe, fest davon überzeugt, dass dieser Weg für unsere Zeit und unsere Kultur besonders gut geeignet ist. Allerdings ist er mit Sicherheit nicht für jeden Menschen gleich gut geeignet. Welchen Weg Du persönlich gehen willst und kannst, musst Du selbst und durch persönliche Erfahrung herausfinden.

Dieses Buch fordert Dich auf, den schamanischen Weg zu erproben und zu erfahren, ob Du ihn gehen kannst. In jedem Fall aber gilt: Die Welträtsel lassen sich nicht zwischen den Deckeln eines Buches lösen. Zwar sind alle Antworten einfach, die Kunst besteht jedoch darin, die richtigen Fragen zu stellen – und das ist ein lebenslanger Weg, den jeder Mensch selbst gehen muss. Andere, die den gleichen Weg gehen und vielleicht schon etwas weiter vorangekommen sind, können Wegweiser aufstellen oder Landkarten zeichnen – gehen musst Du jedoch selbst. Diese Mühe kann Dir niemand abnehmen.

# TEIL I

# Das steckt dahinter

# KAPITEL 1

## Schamanismus heute?

Die Anderswelt-Reise ist nicht nur das zentrale Thema dieses Buches, sondern auch der Mittelpunkt der schamanischen Arbeit. Deshalb werde ich Dir in diesem Kapitel zunächst in kurzen Worten und ohne nähere Begründungen darstellen, was es mit der Anderswelt-Reise auf sich hat und warum dieses Thema heute und für uns so wichtig ist.

## Ursprung und Verbreitung des Schamanismus

Die Ethnologen und Ethnohistoriker haben im Laufe ihrer Forschungen ein gewisses Mindestmaß an Übereinstimmung über einige wichtige Punkte gefunden, die ich hier skizzieren möchte:

1. Der Schamanismus war im Laufe der Geschichte oder ist heute noch auf der ganzen Welt verbreitet.

2. Der Schamanismus hat seinen Ursprung in einem konkret lokalisierbaren Gebiet, von dem aus er sich über die gesamte Welt verbreitet hat.

3. Der Schamanismus unterscheidet sich von anderen Umgangsformen mit dem Numinosen durch seine Spezialität, nämlich die schamanische Reise. (Der Begriff „das Numinose" bezeichnet alles Transzendente, Spirituelle, Jenseitige, Andersweltliche, Göttliche.)

Der Schamanismus war und ist ein gemeinsames Erbe der gesamten Menschheit. Er drückt Bedürfnisse und Fähigkeiten aus, die in jedem Menschen angelegt sind. Diese Bedürfnisse und Fähigkeiten sind so tief in der menschlichen Natur verwurzelt, dass sie selbst da wieder zum Vorschein kommen, wo schamanische Traditionen schon lange verschüttet und abgerissen sind. Selbst in Afrika, wo der Schamanismus nicht vorhanden zu sein scheint, gibt es diese Tradition, allerdings so mit anderen Elementen vermischt, dass er sich heute nicht mehr so eindeutig identifizieren lässt. Lediglich für Australien scheint unklar zu sein, ob dort eine eigenständige Entwicklung stattgefunden hat oder ob es auf irgendeine Weise in grauer Vorzeit eine Verbindung gab.

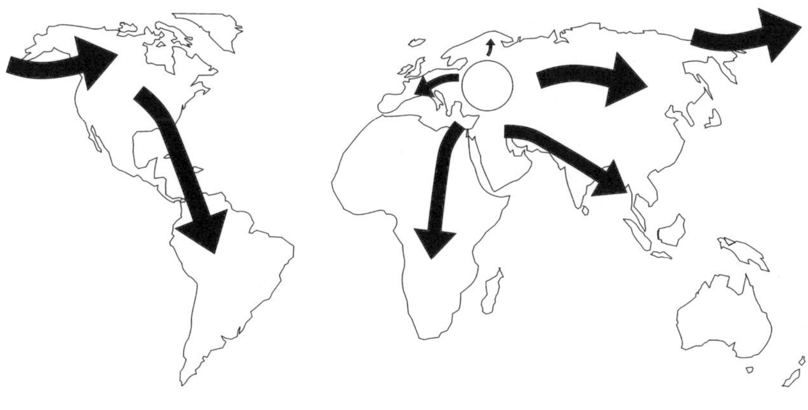

Abbildung 1: Landkarte Ausbreitung des Schamanismus

Wie dem auch sei: Wenn Du auf einer Landkarte eine Linie von Nepal und Tibet aus nach Nordost-Europa ziehst (Finnland) dann hast Du östlich und westlich dieser Linie das Ursprungsgebiet des Schamanismus vor Dir. Dadurch entsteht die nahezu paradoxe Situation, dass wir Mitteleuropäer den Ursprüngen des Schamanismus geografisch betrachtet wesentlich näher sind als zum Beispiel die nord- oder südamerikanischen Indianer, die allerdings dafür eine größere zeitliche Nähe haben, weil ihre Tradition der schamanischen Arbeit sich bis heute ungebrochen fortgesetzt hat.

Daraus ergibt sich, dass auch wir eine schamanische Tradition und Vergangenheit haben, die wir mit allen anderen Menschen auf dieser Welt teilen.

Aus der Tatsache, dass wir (also die europäische Zivilisation der Gegenwart) unsere schamanische Vergangenheit schon vor so langer Zeit abgelegt haben, dass sogar die Erinnerung daran verblasst ist, könnte man natürlich schließen, dass es sich dabei um ein „Durchgangsstadium" handelt, um etwas aus der Kinderzeit der Menschheit, das wir hinter uns gelassen haben und nicht mehr brauchen. Andererseits sollte es uns zu denken geben, dass auch in unserer Zivilisation die schamanische Vergangenheit wieder zurückkehrt – und bei genauerer Betrachtung können wir sehen und verstehen, dass diese Vergangenheit nie wirklich verschwunden war.

Das lässt sich am besten nachvollziehen, wenn Du Dir anschaust, wann und warum der Schamanismus von anderen Dingen abgelöst oder verdrängt wurde.

## Das Ende und der Neuanfang des Schamanismus

Die Religions- und Ethnohistoriker lehren uns (siehe Eliade (15) und Krippner (22) u.a.), dass der Schamanismus überall dort ein Ende gefunden hat, wo mit dem Übergang von Jäger-und-Sammler-Gesellschaften zu Ackerbauern und Viehzüchtern hierarchische gesellschaftliche Machtstrukturen mit Arbeitsteilung und – in der Folge dessen – institutionalisierte Religionen entstanden.

Diese Tatsache ist außerordentlich bedeutsam, wenn man einerseits das Wesen des Schamanismus und andererseits seine heutige Wiederbelebung verstehen will.

Der Schamanismus ist keine institutionalisierte Religion oder Sekte. Er ist nicht einmal ein fest gefügtes Glaubenssystem, das bestimmten Regeln und Glaubenssätzen unterliegt.

Vielmehr bietet das schamanische Leben einen Weg der Spiritualität, der unmittelbar und ausschließlich aus persönlicher Erfahrung und eigenem Erleben besteht. Mit dem handwerklichen Mittel der schamanischen Reise – und auch auf anderen Wegen, über die noch zu sprechen sein wird – kann jeder Mensch das Göttliche in der Welt und damit natürlich auch in sich selbst erkennen.

Deshalb benötigt der schamanisch lebende Mensch auch keine Priester oder andere Autoritäten, die ihn im Glauben anleiten und führen. Aus diesem Grund wird und wurde der Schamanismus von vielen religiösen Institutionen bekämpft: Er untergräbt auf subversive Art die Macht, die religiöse Institutionen über Menschen ausüben können.

Jeder Mensch hat die Fähigkeit, auf eigenem Weg und in eigener Verantwortung mit dem Numinosen, dem Göttlichen in der Welt umzugehen – und dann ist es seine freie Entscheidung, diese Erfahrungen in einer Religions- oder Glaubensgemeinschaft zu leben oder nicht.

In den meisten Kulturen der Welt fand der Schamanismus ein Ende, weil seine nicht-hierarchische, individualistische Form sich nicht in die entstehenden gesellschaftlichen Machtstrukturen einfügen ließ, ohne ihn zu verbiegen und letztlich damit obsolet zu machen. Dennoch enthalten einige heute noch lebendige Religionen sehr starke schamanische Elemente: Die Bön-Religion in Tibet ist eine mit buddhistischen Elementen versetzte formalisierte Form des Schamanismus, der Shintoismus, die japanische Staatsreligion, und ebenso die koreanische Religionsform sind stark schamanisch geprägt.

Heute hat sich unsere Gesellschaft so entwickelt, dass es ein allgemeines Misstrauen oder eine Gleichgültigkeit gegenüber Hierarchien und Machtstrukturen gibt. Autorität wird hinterfragt, weil sie sich häufig unglaubwürdig gemacht hat. Viele Menschen haben sich deshalb auf die Suche nach Sinn und Spiritualität gemacht, ohne recht zu wissen, an wen oder was sie sich denn nun halten können.

Da das schamanische Leben jedem Menschen die Möglichkeit gibt, sich seine Fragen an die Welt selbst und im persönlichem Erleben zu beantworten, ohne sich möglicherweise fragwürdig gewordenen Autoritäten überantworten zu müssen, kann man ohne weiteres verstehen, warum der Schamanismus heute in unserer Zivilisation wieder für viele Menschen eine große Anziehungskraft ausübt.

## Der schamanische Weg

Es kommt aber noch mehr hinzu: Schamanische Arbeit ist nicht nur ein spiritueller Weg. Sie ist auch sehr praxisorientiert. Auf diesem Weg können wir lernen, mit den Kräften und Wesen der Anderswelt umzugehen. Wir erfahren, dass sie ebenso real sind wie die Kräfte und Wesen der alltäglichen Wirklichkeit und dass sie in unserem Leben eine ebenso große Rolle spielen, auch wenn wir dies häufig nicht bewusst bemerken. Wir lernen, dass es auch in der Anderswelt Quellen von Erfahrung, Wissen, Weisheit, Einsicht, Kraft, Heilung und Selbstheilung gibt, die wir für uns und für die Welt nutzen können.

Kurzum: Das schamanische Leben erschließt uns Möglichkeiten der Gestaltung unseres Lebens, die uns helfen, uns in dieser Welt besser zu orientieren und zurechtzufinden. Der Schamanismus leistet also etwas, das unsere „Hochreligionen" nicht mehr geben können: Er schlägt die Brücke vom Numinosen, dem Göttlichen in der Welt, zu den rein praktischen Details des täglichen Lebens: Es ist nicht nur immer und überall in der Welt und in uns, es bestimmt unser Leben naturgemäß bis in das Alltägliche – und auch dies können wir durch die schamanische Arbeit erlernen.

Allerdings werden die „Vorteile" des Schamanismus von vielen Menschen auch als „Nachteile" empfunden. Schamanische Lehren gibt es durchaus. Sie werden jedoch erst er-lebbar und damit fruchtbar, wenn sie in der persönlichen Erfahrung überprüft und eben mit Leben gefüllt werden. Was hat es für einen Sinn, wenn ich Dir zum Beispiel sage, dass die Welt vom Göttlichen in ihr so erfüllt ist, dass alle Wesen – auch Tiere, Pflanzen, Steine, usw. – beseelt sind und deshalb mit uns in einem ständigen Austausch der Verknüpfungen von allem mit allem stehen? Der Sinn entsteht erst, wenn Du selbst Dich in Deinem eigenen Leben durch die unmittelbare Erfahrung davon überzeugst, dass es sich wirklich so verhält, und wenn Du erlebst, was das für Dich, Deinen Umgang mit Dir selbst und mit der Welt bedeutet. (Fühlen ist nun einmal besser als Hören oder Lesen!)

Wie ich mich der Welt gegenüber verhalte, kann doch nur aus meinem tiefsten Inneren kommen und für mich aus dem Ursprung und Kern meines eigenen Seins wachsen, wenn es aus meiner persönlichen Erfahrung entsteht und in ihr begründet und einsichtig gemacht wird – und nicht aus Glaubenssätzen heraus, die abstrakt und Kraft irgendwelcher Autoritäten von außen an mich herangetragen werden.

## Schamanische Lehren und Lehrer

Der schamanische Umgang mit der Welt muss also wirklich gelebt werden. Deshalb gibt es auch keine Diplome und „Lehrgänge", keine Autoritäten, die mir die Arbeit des Glaubens ganz oder teilweise abnehmen können: Ich muss selbst leben – und das in einer Zeit, die zwar auf der einen Seite den Individualismus fordert, auf der anderen Seite aber zu weiten Teilen auf dem Ersatz-Erleben der virtuellen Realitäten fußt.

Das Individuelle des Schamanismus gibt mir zwar einerseits Freiheit, fordert aber andererseits auch meine eigene Anstrengung, mein Leben selbst zu leben. Auf andere verlassen kann ich mich nur, indem ich die Landkarten und Wegmarkierungen studiere, die sie angefertigt haben, und indem ich die „handwerklichen" Seiten des schamanischen Lebens von ihnen erlerne.

Um Missverständnissen vorzubeugen: So, wie es in der alltäglichen Erfahrung und in der wissenschaftlichen Betrachtung der Welt einen Konsens über die alltägliche Wirklichkeit gibt, so gibt es auch einen schamanischen Konsens über die Anderswelt und das Göttliche in der Welt: Beide beruhen auf der Erfahrung des Umgangs mit der Welt und sind absolut nicht beliebig.

Es geht nicht darum, sich wie in den virtuellen Realitäten der Kinos und Computer eine eigene Welt nach Belieben zurechtzuschustern! Es geht vielmehr darum, die Welt wirklich zu erfahren und sie mit allen uns zur Verfügung stehenden Mitteln, mit Verstand, Vernunft und Einsicht zu studieren.

Deshalb ist Schamanismus auch kein Wischiwaschi, sondern eine kristallklare und präzise Angelegenheit. Schamanische Arbeit erfordert Präzision des Denkens, des Handelns, des Fühlens und des Empfindens!

Aus allen diesen Gründen gibt es eigentlich nur eine Möglichkeit, mit dem Schamanismus umzugehen: Erlerne von vertrauenswürdigen Personen das Handwerk des schamanischen Lebens, lasse Dir die Landkarten und Wegzeichen zeigen und mache Dich dann auf den Weg – vielleicht in sachkundiger Begleitung, in jedem Fall jedoch auf den eigenen Füßen!

Wie aber erkennst Du vertrauenswürdige und sachkundige Führer? Mit Sicherheit nicht an bunten Federn im Haar und fantasievollen Kostümen, obwohl diese in manchen Formen der schamanischen Arbeit durchaus eine Rolle spielen. Ebenso wenig an irgendwelchen Diplomen oder an Ausbildungswegen oder an geheimnisvollen und exotischen Lehrern. Auch nicht an Selbstauskünften, die schlecht überprüfbar sind.

Bei vielen Stämmen der nordamerikanischen Indianer gibt es das Wort vom „Hühnerschamanen". Damit sind Menschen gemeint, die sich selbst als Schamanen bezeichnen. Die Tradition verlangt, dass man sich nicht selbst Schamane nennt, sondern entweder dazu von anderen bestimmt wird oder aber durch seine Erfolge zeigt, wer und was man ist.

Seit alters her gibt es deshalb einen einfachen „Qualitätsmaßstab" für Schamanen, der nichts damit zu tun hat, wie jemand Schamane geworden ist (darüber wird noch zu sprechen sein). Dies ist einfach die Qualität seiner Arbeit und die Art seines Lebens. Man kann andere Menschen nicht von etwas überzeugen oder zu etwas überreden. Wirkliche Einsicht und tatsächliche Veränderung entsteht aus dem eigenen Leben – und aus sonst nichts. Deshalb schaue ich mir an, wie überzeugend ein Mensch lebt, was er sagt und wie er mit seinem Leben und in seinem Leben zufrieden ist. Dann kann ich entscheiden, ob ich ihm zuhören will oder nicht.

Misstraue also allen „Schamanen", die sich auf andere Autoritäten berufen oder irgendwelche „Ausbildungen" genossen haben und angeblich oder tatsächlich über „geheime Kräfte" verfügen! Die Kunst des Schamanismus mündet in der Kunst zu leben und das Leben sinnvoll und ebenso „freudvoll" und schön zu gestalten.

Misstraue vor allem Menschen, die Dir ein Diplom versprechen oder einen Ausbildungsgang („Schamane in drei Semestern"). Schamanismus ist kein Ausbildungsgang, sondern eine Form des Lebens und des Verstehens der Welt, die jedem Menschen offen steht. Schamane zu werden, ist dagegen nur wenigen Menschen vorbehalten – schon allein deshalb, weil es Virtuosität im Umgang mit den schamanischen Mitteln erfordert und die Fähigkeit, Weisheit wenigstens in den bescheidenen Möglichkeiten der menschlichen Existenz vorzuleben.

Schamanismus ist auch unsere Tradition. Wenn Du Dich nicht aus historischem Interesse oder ethnologischer Neugier diesem Thema näherst, sondern um etwas für die Gestaltung Deines Lebens zu lernen, dann solltest Du auch darauf achten, dass es nicht um exotische Traditionen oder das „geheime Wissen unserer Vorfahren" geht, sondern darum, hier und heute mit diesen Dingen umzugehen und mit ihnen und durch sie in unserer eigenen Alltagswelt zu leben.

Auf der einen Seite kann jeder Mensch nur die Antworten auf Fragen verstehen, die er wirklich gestellt hat. Deshalb wird manches sicher zunächst ungesagt und im Dunkeln bleiben. Auf der anderen Seite gibt es keine „Geheimlehren", die nur bei Wohlverhalten gegenüber dem Guru oder nach Zahlung von 5.000 Euro offenbart werden.

Unser „gesunder Menschenverstand", die Fähigkeit, die Welt mit offenen Augen zu betrachten und handfest mit ihr umzugehen, ist auch in diesen Dingen gefragt und ich möchte Dir mit diesem Buch die Möglichkeit in die Hand geben, Deine Urteilsfähigkeit auf eine solide Basis zu stellen. Du musst mir nichts glauben: Ich versuche, die Dinge so klar, eindeutig und präzise wie möglich zu benennen und Dir zu zeigen, wie Du sie selbst in Deiner eigenen Erfahrung überprüfen kannst. Ich weiß aus meinen Workshops und Seminaren, dass ich nicht unbedingt bequem bin: Ich verspreche keine leichten Wege und keine Lösung aller Welträtsel, auch keine glamourösen Dinge, dunklen Geheimnisse oder spirituelle Bevormundung. Vielmehr möchte ich Dir etwas zeigen, das zugleich einfacher, schwieriger und jedenfalls schöner ist als all dies. Wenn Du wissen willst, was das ist, kommst Du einfach mit: Die Anderswelt-Reise wird es Dir zeigen.

Dein Umgang mit diesem Buch (und natürlich auch meine Art, es zu schreiben) wird für uns gemeinsam schon ein Lehrstück der schamanischen Arbeit sein:

Ich habe zum Beispiel viel von anderen Schamanen gelernt, vor allem von Schamanen aus Nord- und Mittelamerika. Seit fünfundzwanzig Jahren versuche ich, unsere eigenen Traditionen des schamanischen Lebens wieder zu entdecken, zu rekonstruieren und sie in eine Form zu bringen, die sie für uns heute lebbar und effektiv machen.

Dabei kann und will ich mich nicht auf andere Autoritäten berufen. Einerseits stimmt das, was ich zu sagen habe, mit den Traditionen und Lehren meiner Lehrer - und soweit ich sehen kann – mit dem schamanischen Verständnis in allen Traditionen der Welt überein. Andererseits sind die Worte meine Worte und die Formen meine Formen und die Verantwortung dafür ist meine Verantwortung.

Du wiederum hast die Möglichkeit, durch die schamanische Arbeit, insbesondere durch die Anderswelt-Reise, selbst zu überprüfen, wie es mit der Qualität meiner Arbeit steht. – Und das ist Deine Verantwortung, die Dir auch niemand abnehmen kann. Wenn Du das schamanische Leben nicht selbst lebst, kann es seinen Sinn von vornherein nicht erfüllen.

Das folgende Kapitel gibt Dir die Möglichkeit, die rationale Seite der schamanischen Arbeit unter die Lupe zu nehmen. Als Bürger der europäischen Zivilisation des dritten Jahrtausends sind wir nun einmal der Ratio, dem Intellekt verhaftet – und erst dann, wenn wir unseren Verstand beruhigt haben und gesehen haben, dass es mit allen diesen Dingen auch auf der rationalen Ebene seine Richtigkeit hat, können wir uns dem nächsten Schritt zuwenden.

# KAPITEL 2

## Die Beruhigung des Verstandes

Gleich, ob es uns gefällt oder nicht: Wir Mitteleuropäer des beginnenden dritten Jahrtausends sind durch unsere Erziehung und unser soziales und kulturelles Umfeld geprägt von der Wichtigkeit und Übermächtigkeit des rationalen Denkens.

Es spielt keine Rolle, was wir anfangen: Solange unser Verstand, die Ratio, nicht beruhigt und einverstanden ist, wird es uns nicht gelingen, uns „vorurteilslos" mit irgendetwas auseinander zu setzen.

Leider ist unser Glaube an das Primat des rationalen Denkens nicht rational begründbar, sondern eben ein Glaube. Deshalb ist ihm eigentlich auch rational nicht beizukommen.

Aus diesem Grund ist es wichtig für uns zu sehen, dass es auch von der Warte des rationalen Denkens aus betrachtet mit der schamanischen Reise seine Richtigkeit hat. In diesem Kapitel breite ich einige Argumente vor Dir aus, die den Intellekt beruhigen sollten und jenes kleine Stückchen Zweifel beseitigen könnten, das sonst immer in Dir stecken und an Dir und Deinem Handeln herumkritteln würde.

Es geht dabei zunächst ausschließlich um eine einzige Behauptung, die jedoch zentral und wichtig ist: Wenn ich sie akzeptiere, kann ich die Anderswelt-Reise erlernen und durchführen, wenn nicht, werden meine Bemühungen erfolglos bleiben. Es geht um Folgendes:

> Die Anderswelt-Reise ist kein Selbsterfahrungstrip, keine Fantasiereise und auch kein Tag-Traumgebilde. Sie führt nicht in das Unbewusste, Unterbewusste oder in andere Tiefen oder Untiefen der eigenen Persönlichkeit.
>
> Die Anderswelt-Reise ist vielmehr real. Sie führt nach außen, in die „nichtalltägliche Wirklichkeit", in die „Anderswelt".
>
> Das Problem ist: Die Anderswelt-Reise kann ich nur als real und wirklich erleben, wenn ich akzeptiere, dass sie wirklich und real ist und an einen wirklichen und realen Ort führt. Wenn ich etwas zu erleben erwarte, dann werde ich es auch erleben. Da wir jedoch glauben, dass für „reale" Dinge unser Verstand zuständig ist, müssen wir zwangsläufig daran arbeiten, dass unser Verstand dieses „Etwas" als real anerkennt, damit er auch zusammen mit dem Rest von uns auf die Reise gehen kann!

## Plastik-Schamanismus und Real-Schamanismus

Es werden heutzutage viele Workshops angeboten, in denen die Anderswelt-Reise tatsächlich als eine Form der Selbsterfahrung angeboten wird. Unser Problem mit der Realität der schamanischen Reise wird hinweg-psychologisiert, indem Begriffe wie Archetypen, Unterbewusstsein, Fantasiebilder und so weiter zur Erklärung des Geschehens herangezogen werden.

Die Schamanen aller Zeiten und Völker, von denen uns Nachrichten und Kenntnisse überliefert sind, stimmen jedoch in mindestens einem Punkt überein: Die Anderswelt-Reise ist real und führt an einen wirklichen Ort.

Genau darin unterscheidet sich der Schamane als Spezialist der schamanischen Reise zum Beispiel von Mystikern mit ihren Visionen oder von Propheten mit ihren „Eingebungen" oder „Erleuchtungen" (die nicht aus dieser Welt kommen): Der „Ort" der schamanischen Reise gehört zu unserer Welt, und die „Anderswelt" bildet zusammen mit unserer alltäglichen Wirklichkeit die Realität der Welt.

Die Religionshistoriker und Ethnologen sind sich in diesem Punkt übrigens mit den Schamanen aller Zeiten und Kulturen einig: Der Schamane definiert sich (in Abgrenzung zu anderen Spezialisten des Numinosen) dadurch, dass der Kernpunkt seiner handwerklichen Technik die Anderswelt-Reise ist – und sie beschreiben das Selbstverständnis der Schamanen, dass diese Reise in die Welt führt, und zwar in einen Teil der Welt, der ebenso real ist wie unsere alltägliche Wirklichkeit.

Daher ist die Begriffsbestimmung des Schamanen und seiner Spezialität – der schamanischen Reise in die „Anderswelt" – klar, eindeutig und darüber hinaus einfach.

Deshalb gibt es auch keinen Grund, diese Vorstellung zu verwässern – und jene Plastik-Schamanen, die das Ereignis der schamanischen Reise auf einen Selbsterfahrungstrip reduzieren wollen, leiden wahrscheinlich unter Realitätsangst. – Man sollte sie meiden.

Wenn es für Dich eine Selbstverständlichkeit ist, dass die Anderswelt ebenso real ist wie die alltägliche Wirklichkeit, dann kannst Du die nächsten Abschnitte einfach überschlagen. Sollte es jedoch in Deinen Gedanken Zweifel daran geben, dann versuche Dich an der Lektüre!

## Die Realität

Das Problem reduziert sich offensichtlich zunächst auf die Frage, was eigentlich „real" oder „Realität" ist. Diese Frage beschäftigt die Philosophen seit Jahrtausenden, ohne dass es ihnen gelungen wäre, eine wirklich befriedigende Antwort zu geben.

Allerdings haben sich im Laufe der Diskussion einige ziemlich handfeste Kriterien herauskristallisiert, mit deren Hilfe wir bestimmen können, ob etwas real ist oder nicht. Ohne hier in die schwierigen Gewässer der Erkenntnistheorie einzutauchen, möchte ich Dir diese Kriterien darstellen und aufzeigen, wie sie auf die Anderswelt-Reise angewandt werden können.

### 1. Der Wahrnehmungskonsens

Von allen Kriterien des Realen ist der Wahrnehmungskonsens oder die „Öffentlichkeit" die wichtigste.

Was ist darunter zu verstehen? Wir haben zum Beispiel einen Konsens mit anderen Menschen darüber, dass sich an der Straßenecke eine Bank befindet, in der wir Geld abheben können. Es wäre unpraktisch anzunehmen, dies wäre nicht so. Ebenso unpraktisch wäre es für real zu nehmen, dass wir dort ein Konto haben, von dem wir Geld abheben können, wenn die Angestellten der Bank einen Konsens darüber haben, dass wir bei dieser Bank kein Konto haben.

Das entscheidende Merkmal des Wahrnehmungskonsens ist die „Öffentlichkeit": Wir sind uns mit anderen Menschen darüber einig, dass etwas so ist, wie es zu sein scheint, weil wir Erfahrungen (= Erinnerungen) und Sinneswahrnehmungen darüber bis zu einem gewissen Maß teilen. Deshalb halten wir dieses Etwas für real.

Bevor wir uns nun Gedanken darüber machen können, ob und wieweit diese Art der Bestimmung der Vorstellung von der Realität auf die Anderswelt-Reise zutrifft, müssen wir den Begriff der Öffentlichkeit noch etwas genauer betrachten.

### 2. Die Öffentlichkeit

Vor einiger Zeit ging eine Nachricht durch die Presse, die sich mit einer mathematischen Entdeckung befasste. Pierre de Fermat, ein bedeutender französischer Mathematiker des siebzehnten Jahrhunderts, hat in seinen Schriften behauptet, dass ihm die Lösung eines komplexen mathematischen Problems gelungen wäre. Allerdings hat er die Beweisführung nicht aufgeschrieben oder sie ist verloren gegangen. Seitdem beschäftigten sich viele andere Mathematiker mit der Suche nach dieser Beweisführung – circa 350 Jahre lang allerdings vergeblich.

In der erwähnten Pressemeldung hieß es nun, dass es endlich einem Mathematiker gelungen wäre, dieses alte Problem zu „knacken". Die Fachwelt, so hieß es dort weiter, warte nun atemlos darauf, ob die drei oder vier Spezialisten, die über das notwendige Fachwissen verfügen, die Lösung bestätigen oder nicht.

Ich habe keine Ahnung, worum es sich bei diesem Problem handelt und wäre erst recht nicht in der Lage, die Lösung zu begreifen oder zu überprüfen. Was mich an dieser Pressemeldung fasziniert hat, war etwas ganz anderes: Sie zeigt sehr anschaulich, was wir unter Öffentlichkeit verstehen und wie dieser Mechanismus der „Öffentlichkeit" funktioniert.

Um etwas für real halten zu können, brauchen wir die Übereinstimmung mit anderen Menschen darüber, dass etwas real ist. Je nachdem, worum es sich handelt, kann diese Öffentlichkeit jedoch sehr unterschiedlich groß sein. Der größte Teil unseres naturwissenschaftlichen Wissens beruht heutzutage auf Öffentlichkeiten, die jeweils nur einige wenige Personen umfassen: Wir glauben, dass Fermat'sche Problem sei gelöst, weil wir den drei oder vier Spezialisten vertrauen. Wir glauben, dass Quarks und Gluonen zu den elementarsten Bausteinen der Welt gehören, wir glauben, dass die Lichtgeschwindigkeit eine Naturkonstante ist, wir glauben auch einfach, dass es ein paar Straßen weiter eine Bankfiliale gibt... und so weiter und so fort. Du siehst: Unser Vertrauen darauf, dass Dinge real sind oder nicht beruht in weiten Teilen auf Glauben, nicht auf Wissen oder persönlicher Erfahrung – und dieser Glaube wird durch unser Vertrauen in die Öffentlichkeit und den Konsens der Wahrnehmung bestimmt.

Allerdings bemerken wir gewöhnlich nie, dass diese Öffentlichkeit eine prekäre Angelegenheit ist, denn wir erzeugen sie durch unseren Glauben an sie. Und Glaube kann nun einmal nicht zu den rationalen Errungenschaften unseres Geistes gezählt werden.

## Die Öffentlichkeit der schamanischen Reise

Wenden wir also jetzt einmal das Kriterium von Wahrnehmungskonsens und Öffentlichkeit auf die Anderswelt-Reise an!

Jeder Religionshistoriker oder Ethnologe, der sich mit diesem Thema beschäftigt hat, wird Dir bestätigen können, dass ein überwältigend großer Teil der Menschheit (in Vergangenheit, Gegenwart und auf allen Kontinenten) einen Konsens darüber hat, dass es die Anderswelt-Reise real gibt, und dass sie an einen real existierenden Ort führt, nämlich in die „Anderswelt". Außerdem stimmen sie über die Art und Form dieser Anderswelt ebenfalls überein.

Dieser Konsens hat mindestens 30.000 Jahre Kontinuität und wird auch heute noch von einer deutlichen Mehrheit der Menschen getragen.

Warum also haben so viele „rational denkende" Menschen der europäischen, westlichen Zivilisation einen so heftigen Widerstand gegen diesen Konsens? Liegt es vielleicht daran, dass sie den Spezialisten der Fermat'schen Theorie eher zu glauben geneigt sind als den Spezialisten der schamanischen Reise? Zumindest in diesem Punkt müssen wir festhalten, dass es für diesen Widerstand keine rationale Begründung gibt, er wird nur von Glauben getragen. Wie wir außerdem noch sehen werden, beruht dieser Widerstand auf einem Fehlglauben, der aus einem Kategorial-Irrtum entstanden ist.

Wenden wir uns also dem nächsten Punkt zu.

## Die Erinnerungskonstanz

Das zweite Merkmal, anhand dessen wir entscheiden können, ob etwas real ist oder nicht, ist die Stetigkeit der Erinnerung. Wenn ich die Straße entlang gehe und an der Ecke die Bank sehe, bei der ich ein Konto habe, halte ich diese Bank auch deshalb für real, weil sie gestern und an den Tagen vorher auch da war. Kaum jemand würde sein Geld einer Bank anvertrauen, von deren Realität und vor allem Dauerhaftigkeit (Konstanz) er nicht felsenfest überzeugt wäre.

Im Gegenteil: Wenn es so wäre, dass diese Bank heute da ist, morgen aber nicht und einfach mal auftauchen und mal verschwinden würde, dann zweifle ich nicht nur an der Realität der Bank, sondern wahrscheinlich sogar an mir selbst, weil meine Maßstäbe für Realität völlig durcheinander geraten. In jedem Fall würde ich mein Geld in so einem Fall lieber dem Sparstrumpf anvertrauen.

Wohlgemerkt: Ob etwas zwischen den Zeiten, in denen ich es wahrnehme, vorhanden ist oder nicht, ist dabei kein Urteilskriterium: Wenn ich mehrere Male die Straße entlang gehe und jedes Mal die Bank sehe, dann sehe ich sie zwar nicht, wenn ich woanders bin. Da ich sie jedoch für real halte, erwarte ich, dass die Bank auch dann da ist, wenn ich sie nicht beobachte, denn auch die kontinuierliche Präsenz ist eine Eigenschaft, die wir dem Realen beimessen – und die wir überprüfen können, indem wir über den Erfahrungsaustausch mit Anderen die Öffentlichkeit über diese Erfahrung herstellen.

## Die Erinnerungskonstanz der schamanischen Reise

Jedes Mal, wenn ich eine Anderswelt-Reise unternehme, ist die „Anderswelt" vorhanden. Sie hat weder ihre Eigenschaften noch ihre anderen Qualitäten geändert. (Darüber wird noch zu sprechen sein.) Ich kann mir sogar von anderen bestätigen lassen, dass sie auch zu den Zeiten vorhanden ist, in denen ich sie nicht selbst beobachte. – Sie wird ja nicht nur von mir besucht, sondern auch von vielen anderen Menschen. (Obwohl dies nicht zum Kriterium der Erinnerungskonstanz gehört, sondern zur Öffentlichkeit.)

Damit haben wir also schon herausgefunden, dass die Anderswelt-Reise den beiden wichtigsten Kriterien genügt, nach denen wir beurteilen, ob etwas real ist oder nicht. Es gibt jedoch noch einige andere Kriterien, die wir als nächstes betrachten wollen.

## Realität und Erinnerungsintensität

Das dritte Kriterium, nach dem ich etwas als real betrachte, ist die Intensität und Deutlichkeit, mit der ich mich daran erinnere – und zugleich die Art der Erinnerung.

Eine Beule auf der Stirn ist zum Beispiel eine sehr intensive Erinnerung meines Körpers an den Zusammenstoß mit einer Straßenlaterne. Allerdings kann ich mich auch ohne Beule mit schmerzhafter Deutlichkeit an Ereignisse erinnern. Wenn ich dies tue, dann halte ich diese Ereignisse für real. Erinnere ich mich jedoch nur sehr vage und verschwommen, zum Beispiel an ein lange zurückliegendes Ereignis, dann könnte ich durchaus dazu neigen, an seiner Realität zu zweifeln: Vielleicht habe ich es ja nur geträumt oder gelesen? – War es so oder vielleicht doch anders?

Im Gegensatz zu den beiden ersten Kriterien haben wir es hier mit einer individuellen Beurteilung zu tun: Konsens und auch Konstanz können und müssen wir mit anderen Menschen abstimmen, die Intensität des Erlebens und der Erinnerung können nur wir selbst beurteilen. Deshalb kann sie auch ausschließlich aus persönlicher Erfahrung oder eigenem Erleben entstehen, während es durchaus möglich ist, die beiden ersten Kriterien einfach von anderen zu übernehmen.

Die stärksten Formen der Anderswelt-Reise sind Erlebnisse von so eindeutiger, sinnlich erfahrener, einprägsamer und überwältigend realer Art, dass sie gewöhnlich als ekstatisch beschrieben werden. Dementsprechend intensiv und deutlich sind auch die Erinnerungen daran.

Die stärksten Formen der schamanischen Reise sind genau deshalb eine ekstatische Erfahrung, weil sie als wesentlich realer empfunden werden als die meisten alltäglichen Sinneserfahrungen. Wenn es auch durchaus einiger Übung und ernsthafter Arbeit bedarf, um zu diesen Formen der schamanischen Reise vorzudringen, so steht diese Behauptung dennoch jedem Menschen zur persönlichen Überprüfung offen, da im Prinzip jeder Mensch über die Eigenschaften oder Fertigkeiten verfügt, die für die Anderswelt-Reise benötigt werden.

## Anderswelt-Reise und wissenschaftliche Plausibilität

Die folgenden Kriterien für unsere Meinung darüber, ob etwas real ist oder nicht, sind eigentlich völlig anderer Natur als die bisherigen, denn sie fragen nicht danach, ob etwas real ist, sondern danach, ob wir es für real halten können oder halten dürfen.

Dabei spielt vor allem die Frage nach der wissenschaftlichen Plausibilität eine entscheidende Rolle.

Lange Zeit war es ein fester Glaube in wissenschaftlichen Kreisen, dass nur das real sein kann, was sich mit wissenschaftlichen Mitteln nachweisen lässt (siehe Prigogine (5)).

Das ist jedoch nichts als ein Glaube – und wissenschaftlich völlig unhaltbar und unberechtigt: Die Physik ist zum Beispiel die Wissenschaft von allem, was sich mit den Mitteln und Methoden der physikalischen Wissenschaft beobachten und beschreiben lässt. In der Physik gibt es keinen Satz, der besagt, dass es außerhalb des mit physikalischen Mitteln Beobachtbaren nichts geben kann und darf, was real sein könnte.

Die Mittel und Methoden der physikalischen Wissenschaft erlauben ausschließlich Aussagen über diejenigen Dinge, die mit diesen Mitteln beobachtet und beschrieben werden können. Sie erlauben jedoch keinerlei Aussagen darüber, ob es außerhalb dieses Bereichs andere Gegenstände anderer Arten der Beobachtung und Beschreibung geben kann oder nicht.

Der amerikanische Philosoph Ken Wilber formulierte den Satz vom Kategorial-Irrtum: Wenn ich mit den Mitteln eines Systems versuche, die Gegenstände eines anderen Systems zu beobachten (oder zu verneinen), dann begehe ich einen Kategorial-Irrtum.

Wenn sich also ein Physiker (oder ein anderer Naturwissenschaftler) zum Beispiel dahingehend äußert, dass der Ort der schamanischen Reise nicht real sein könnte, weil es allen Erkenntnissen der Wissenschaft widerspreche, einen solchen Ort anzunehmen, dann irrt dieser Mensch gleich doppelt:

Erstens ist der Ort der schamanischen Reise die Anderswelt und nicht die alltägliche Wirklichkeit. Deshalb kann auch kein Ereignis oder Ding der schamanischen Reise mit wissenschaftlichen Sätzen in Widerspruch geraten. Die wissenschaftlichen Beobachtungen und Beschreibungen beziehen sich nun einmal ausschließlich auf die alltägliche Wirklichkeit.

Zweitens liegt ein Kategorial-Irrtum vor: Wir haben es bei den Dingen der schamanischen Reise mit etwas zu tun, das sein eigenes Beschreibungs- und Beobachtungssystem hat, so dass keinesfalls der Fehler gemacht werden darf, das eine mit dem anderen zu vermengen.

Die Lektüre dieses Buches wird Dir zeigen, dass es zwar manches oder sogar vieles enthält, das sich mit den Mitteln der Naturwissenschaften nicht beschreiben oder beobachten lässt, aber es enthält nichts, was in irgendeiner Weise einem der sogenannten Naturgesetze widersprechen würde. Das ist eigentlich der Kern dieses Kriteriums für Realität: Wir können dann etwas für real halten, wenn es den Grundsätzen der Naturwissenschaften nicht widerspricht.

Ob dies nun erkenntnistheoretisch gesehen wirklich ein wichtiges Merkmal ist oder eine Art Glaubensbekenntnis wissenschafts-süchtiger Menschen oder nicht, spielt im Grunde genommen keine Rolle, denn die Bedingung wird ohnedies erfüllt.

## Die soziale Akzeptanz

Diesen letzten Punkt meiner Liste muss jeder mit sich selbst, seinem Selbstbild, Selbstwertgefühl und seiner Vorstellung von sozialer Akzeptanz aushandeln: Völlig unabhängig von den bisherigen benannten und beschriebenen Kriterien für die Beurteilung des Realen gibt es in jeder Gesellschaft immer eine vorherrschende Vorstellung von dem, was real ist, sein kann oder sein darf. Wohlgemerkt: Diese Vorstellung beruht – wie ein Blick in die Geschichte zeigt – immer auf Glaubenssätzen, nicht auf rational fassbaren Argumentationen. Die Mitglieder einer jeden Gesellschaft glauben dann zwar mehrheitlich, ihre Ansichten wären unzweifelhaft die einzig möglichen, tatsächlich jedoch ist dem nicht so. Wie irrational zum Beispiel in unserer Gesellschaft der Glaube an die Wissenschaft ist, dürfte schon aus den bisher beschriebenen Kriterien deutlich geworden sein. Bereits in den dreißiger Jahren des 20. Jahrhunderts wurde die wissenschaftstheoretische und erkenntnistheoretische Grundlagenarbeit dafür gelegt zu verstehen, wie Wissenschaft funktioniert und wo ihre systemimmanenten Grenzen liegen (Gödel – siehe Hofstadter (1) und Schrödinger (2)). Und trotzdem hängen die meisten Menschen, insbesondere natürlich Wissenschaftler selbst, hartnäckig an ihren Glaubenssätzen, die de facto mit wissenschaftlichen Mitteln schon längst als Glaubenssätze entlarvt oder erkannt wurden.

Du musst selbst herausfinden, wo und wie Du Dich positionieren willst, ob Du einfach dem Mainstream folgst (der allerdings schon zu den Dinosauriern gehört, die ja wohl auch nicht immer gleich gemerkt haben, dass sie schon tot sind) oder ob Du Dich unter kritischer Würdigung des hier Gesagten selbst auf die Reise machen willst:

Du kannst Deine eigenen Erfahrungen erarbeiten, kritisch sichten, eine Öffentlichkeit herstellen, indem Du Erfahrungen mit anderen austauschst und Dich auch an Spezialisten dieser Wissensgebiete wenden, die jenseits des Kategorial-Irrtums arbeiten.

Es sollte jedoch in jedem Fall deutlich geworden sein, dass es einige Klippen beim Umgang mit der schamanischen Reise gibt, die Du aber erfolgreich umschiffen kannst:

1. Vor der Frage nach der Realität der schamanischen Reise kann sich niemand drücken: Nur, wenn Du die Anderswelt-Reise für real hältst, kannst Du Anderswelt auch real erleben. Misstraue deshalb allen Menschen, die die Anderswelt-Reise als Phänomen hinweg psychologisieren wollen. Diese Menschen haben Angst vor der Wirklichkeit und können deshalb nicht hilfreich sein.

2. Misstraue allen Versuchen, die Anderswelt-Reise in irgendeiner Form in ein Korsett wissenschaftlicher Erklärungsversuche zu pressen. Das ist ein Kategorial-Irrtum. Menschen, die diesen Irrtum begehen, leben nicht nur realitätsfern, wie Dir die Lektüre dieses Kapitels gezeigt haben sollte, sie haben auch Angst vor der Wirklichkeit: Die Welt ist nun einmal größer, bunter, vielfältiger, aber auch unerklärbarer und gefährlicher, als uns der kleine Ausschnitt von ihr glauben macht, den wir mit wissenschaftlichen Mitteln beschreiben können.

3. Die Anderswelt-Reise und alles, was damit zusammenhängt, hat ihr eigenes Erklärungs- und Beschreibungssystem. Die Anderswelt ist kein Spielplatz für erholungsbedürftige Mitteleuropäer, sie ist ein Teil der Welt, in der wir leben. Deshalb ist es wichtig, dass wir uns in ihr zurecht finden können – und dafür sollten wir diese Systeme durchaus kennen.

4. Dies öffnet keinesfalls die Tore zu einer großen Beliebigkeit. Die Kenntnis von der Anderswelt folgt zwar nicht den Naturgesetzen der alltäglichen Wirklichkeit, aber sie hat ihre eigenen Gesetze, die ebenso folgerichtig, klar und in sich widerspruchsfrei sind!

Entschließe Dich doch einfach dazu, mir weiter auf dieser Reise zu folgen. Es gibt noch viele spannende Fragen, die wir mit unserem Intellekt anschauen können, um die Antworten dann in unserer eigenen Erfahrung der schamanischen Reise zu konkretisieren.

Zum Beispiel die Frage nach der Wahrnehmung: Wenn die Anderswelt-Reise tatsächlich real ist, wie nehmen wir sie und die Anderswelt denn wahr?

Oder dies: Wie verhält sich denn die Anderswelt zu unserer alltäglichen Wirklichkeit?

Noch spannender ist die Frage, ob die Wesen der Anderswelt ebenso wie wir in den anderen Teil der Welt (also in unsere alltägliche Wirklichkeit) reisen können. Mit anderen Worten: Bekommen wir Besuch – oder gibt es vielleicht sogar etwas wie eine permanente Koexistenz?

Aus den Antworten zu diesen Fragen ergibt sich dann auch die Antwort auf die Frage, ob denn die Anderswelt-Reise, so sie denn real ist, nur der Befriedigung möglicherweise fehlgeleiteter Neugier dient oder ob sie vielleicht sogar praktischen Nutzen für die Bewältigung und Gestaltung unseres Lebens hat.

Letztlich wenden wir uns der spirituellen Frage zu: Stellt die Anderswelt-Reise eine Möglichkeit dar, das Göttliche in der Welt direkt und unmittelbar zu erfahren?

Diese und weitere Fragen werde ich in den folgenden Kapiteln beantworten. Zum Teil werde ich Dir dabei Antworten aus den reichen Traditionen des Schamanismus geben. Zum Teil bin ich auch in der Lage, aus eigener Erfahrung zu berichten. Die Mittel und Methoden, alle diese Dinge selbst zu erfahren und damit zu überprüfen, stehen Dir in Form der Anderswelt-Reise zur Verfügung.

Allerdings solltest Du immer daran denken, dass Menschen irrtums- und fehlerbehaftet sind, so dass alle Deine Erfahrungen und Schlussfolgerungen (ebenso natürlich auch meine) den Prüfungen unterzogen werden sollten, die sich aus den Betrachtungen dieses Kapitels ergeben.

# KAPITEL 3
# Wahrnehmen und Wirklichkeit

Bevor ich mich endgültig der spannenden Frage zuwende, wie die Anderswelt und die Anderswelt-Reise denn nun eigentlich beschaffen sind, gilt es, noch ein anderes Problem aus dem Weg zu räumen:

Im vorangegangenen Kapitel habe ich deutlich gemacht, dass die Anderswelt-Reise tatsächlich genauso real ist, wie unsere alltägliche Wirklichkeit, das heißt, wir erleben sie als „wirkliches Ereignis".

Daraus sollte sich die Schlussfolgerung ziehen lassen, dass diese Reise auch an einen „wirklichen Ort" führt. Die sich damit zwangsläufig ergebende Frage, was für ein „Ort" dies sein könnte und wie er beschaffen ist, lässt sich jedoch erst näherungsweise beantworten, wenn wir ein grundsätzliches Problem erörtert haben, das auch wichtig ist, wenn wir Beschreibungen der Reise und des Ortes richtig verstehen wollen:

Die Sprache ist als Beschreibungsmittel der Anderswelt-Reise und der Anderswelt an sich ungeeignet. Da uns jedoch kein anderes Kommunikationsmittel zur Verfügung steht, müssen wir bestimmte Vereinbarungen über die Sprache treffen und Grenzen der Ausdrucksmöglichkeiten aufzeigen.

Wir sprechen über die Anderswelt-Reise und über die Anderswelt. Unsere Sprache wird jedoch durch die Struktur der alltäglichen Wirklichkeit bestimmt – und bestimmt ihrerseits wieder durch ihre Struktur die Art, wie wir die alltägliche Wirklichkeit wahrnehmen.

Diese Spielregeln müssen wir kennen und beherrschen, wenn wir versuchen, über die Anderswelt zu sprechen.

Worum es hier geht, möchte ich Dir an einem Beispiel deutlich machen: In der medizinischen Literatur gibt es einige gut dokumentierte Fälle von Menschen, die von Geburt an blind waren und dann zu einem relativ späten Zeitpunkt ihres Lebens durch Spontanheilung oder neue Operationstechniken wieder sehen konnten. Wie sich herausstellte, können solche Menschen zwar – rein mechanisch betrachtet – wieder sehen, aber sie können nichts „erkennen". Sie sehen unidentifizierbare „was auch immer", rennen zunächst aber genauso gegen einen Laternenpfahl, als wären sie noch blind, eben weil sie das Gesehene nicht als den unmittelbar nahen Laternenpfahl identifizieren können.

Die Wahrnehmung, also das Füllen irgendwelcher optischen Muster mit identifizierbaren Inhalten, müssen diese Menschen erst mühsam erlernen. Dies ist ein Prozess, den jeder von uns von Geburt an durchläuft – unmerklich zwar, aber dennoch so prägend, dass er unsere gesamte Weltwahrnehmung bestimmt.

Es geht sogar noch weiter: Sprache und Wahrnehmung hängen so unmittelbar voneinander ab, dass sie die Funktion unserer Sinnesorgane, also ihre physische Struktur, verändern können. Amazonas-Ureinwohner haben zum Beispiel mehr als 300 verschiedene Wörter, mit denen sie Grüntöne bezeichnen. Sie können auch so viele Grüntöne visuell voneinander unterscheiden. Das können wir nicht, weil wir dies nie gelernt haben. Damit stellt sich die Frage, ob die uns umgebende Wirklichkeit die

Struktur unserer Sprache bestimmt oder umgekehrt, ob wir nur wahrnehmen können was in der Struktur unserer Sprache (und damit unseres Denkens) vorgegeben ist.

Tatsächlich stimmt weder das eine noch das andere. Vielmehr gibt es hier eine gegenseitige Abhängigkeit, die sich nicht auflösen lässt. Ich denke, das Problem entsteht dadurch, dass wir Wahrnehmung und Sprache/Denken voneinander trennen, während diese Dinge tatsächlich zusammen gehören. Sprache, Denken, Wahrnehmung und Sinnesorgane bilden eine Einheit, die uns die Orientierung in der Welt ermöglicht.

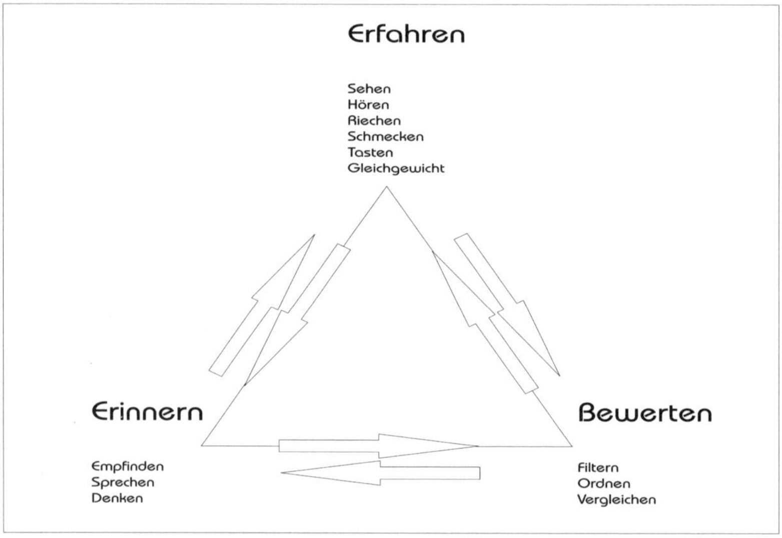


Abbildung 2: Wahrnehmen – Denken

Das Diagramm zeigt Dir die Zusammenhänge: Unsere Wahrnehmung ist nicht passiv, sondern ein aktiver Umgang mit der Welt. Wir bilden aus dem Material des physisch oder physiologisch Wahrgenommenen Strukturen, die zugleich Strukturen des Wahrnehmens, des Sprechens und des Denkens sind. Diese Strukturen wirken wie „Filter", die bestimmen, wie wir etwas wahrnehmen, ob wir es überhaupt wahrnehmen und vor allem, ob wir uns mit uns selbst und mit anderen über das Wahrgenommene verständigen können.

Dieser Ablauf ist einerseits überlebenswichtig: Wir müssen die Menge des für uns physisch Wahrnehmbaren strukturieren und selektiv reduzieren, weil wir uns sonst in der Welt nicht zurechtfinden können. Andererseits macht uns dieser Ablauf sozusagen zu Halbblinden: Wir können nur das wahrnehmen, was diese „Filter" durchlassen, und wie wir es wahrnehmen, hängt von der Struktur der Filter ab.

Dafür möchte ich Dir zwei Beispiele aus dem Tierreich berichten, die diese Prozesse durchaus anschaulich machen können:

Du hast sicher schon einmal beobachtet, wie Fliegen auf einer Fensterscheibe sitzen und darauf hin und her laufen. Manchmal fliegen sie auf und prallen im Flug gegen die Scheibe – und sie werden dies immer wieder und wieder tun. Die Fliege kann zwar auf der Fensterscheibe sitzen oder laufen, aber sie kann sie nicht wahrnehmen.

Das andere Beispiel stammt aus der Welt der Frösche. Der Wahrnehmungsapparat der Frösche ist so konstruiert, dass sie nur Dinge sehen können, die sich bewegen. Bei absoluter Windstille ist die Welt des Frosches leer. Wenn ein Windhauch aufkommt und die Blätter sich bewegen, dann – und nur dann – treten sie in die Wahrnehmung des Frosches ein. Genau so kann der Frosch eine Fliege, die unbeweglich vor seiner Nase sitzt, nicht sehen. Erst wenn sie auffliegt, wird er sie wahrnehmen – und kann sie dann fangen.

Für uns sind diese Arten der Weltwahrnehmung nicht vorstellbar. Wir können sie zwar beschreiben, aber nicht empfinden. Allerdings können wir sie – sozusagen als Außenstehende – erkennen, während die Frösche und Fliegen diese Einschränkungen oder Filter ihrer Wahrnehmung selbst dann nicht erkennen könnten, wenn ihre Denkstrukturen den unseren entsprechen würden.

Analog dazu müssen wir schließen, dass auch unsere Wahrnehmung Einschränkungen und Filter hat, die wir weder erkennen noch „ausschalten" können, so dass wir diesen Grenzen hilflos ausgesetzt sind.

So sieht es jedenfalls auf den ersten Blick aus. Bei genauerem Hinsehen wirst Du allerdings feststellen können, dass wir Menschen über ein größeres Potential des Wahrnehmens verfügen als wir gemeinhin glauben.

Das lässt sich erahnen, wenn wir beobachten, dass wir über mehr als nur eine Sprache verfügen – und damit offenbar über mehr Möglichkeiten der Weltwahrnehmung, als unsere Alltagssprache vermuten lässt.

## Die Notwendigkeit der Fachsprachen

Unsere Alltagssprache, die unseren Umgang mit der alltäglichen Wirklichkeit bestimmt, hat Eigenschaften, die sie zum Beispiel für den wissenschaftlichen Gebrauch untauglich macht. Jede Art von Wissenschaft ist eine ganz bestimmte, konkreten Gesetzmäßigkeiten unterliegende Art oder Methode, die Welt wahrzunehmen und sie zu beschreiben. Die Art der Fachsprache und die Art des Wahrnehmens und Beschreibens bedingen und formen sich gegenseitig, so dass innerhalb jeder Wissenschaft ein begriffliches Instrumentarium entsteht, das wiederum den Bereich des mit ihm Beschreibbaren definiert. Nirgendwo sonst lässt sich dieser Prozess besser beobachten, als bei den wissenschaftlichen Fachsprachen. Und nirgendwo sonst werden die Vorteile und Nachteile besser deutlich: Die Fachsprache beschränkt einerseits den Ausschnitt der Welt, der sich mit ihr betrachten lässt (oder die Eigenschaften, die sich mit ihr wahrnehmen lassen), andererseits jedoch ermöglicht sie überhaupt erst die Wahrnehmung (und präzise Beschreibung) vieler Eigenschaften der Welt.

Hier wird übrigens noch einmal deutlich, was es mit dem bereits beschriebenen Kategorial-Irrtum auf sich hat: Jede Wahrnehmungskategorie bezieht sich auf Eigenschaften, Facetten oder Kategorien der Welt, die nur mit ihren Mitteln wahrnehmbar und beschreibbar sind. Deshalb kann es auch nicht funktionieren, wenn man versucht, mit Hilfe einer Wahrnehmungskategorie den Gegenstand einer anderen zu beschreiben.

Nun haben wir im Laufe unserer Geschichte die Fachsprache verloren, die sich mit den Gegenständen der schamanischen Reise beschäftigt - ebenso wie wir die Wahrnehmungsfähigkeit für die Anderswelt weitgehend eingebüßt haben. So sieht es jedenfalls auf den ersten Blick aus. Tatsächlich haben wir die Fachsprachen des Schamanischen jedoch nur zweckentfremdet oder für andere Dinge eingesetzt. Die Fachsprache des Schamanischen besteht nämlich aus drei Elementen, die uns durchaus noch geläufig sind: Es handelt sich dabei um die Kunst in allen ihren Erscheinungsformen, das Symbol (oder Piktogramm) und das Ritual.

Es mag Dir vielleicht auf den ersten Blick überraschend erscheinen, dass diese Dinge als Fachsprachen bezeichnet werden. Bei näherer Betrachtung lässt sich das aber durchaus nachvollziehen.

Beginnen wir mit der Kunst.

## Die Kunst als Fachsprache des Schamanischen

Es gibt zwei Punkte, über die wir uns dem Verständnis der Kunst als schamanischer Fachsprache nähern können. Der erste Punkt erschließt sich aus einer Betrachtung der Vergangenheit: Die Ethnologen und Ethno-Archäologen (siehe Hultkrantz) sind sich im Wesentlichen darüber einig, dass alle Formen der Kunst aus der schamanischen Arbeit entstanden sind:

Das Drama und die anderen Formen von Schauspiel und mimischer Aufführung haben sich zum Beispiel aus den schamanischen Heilungsritualen entwickelt (siehe Hultkrantz (7)).

Die Musik war ursprünglich zweckgebundenes Geräusch zur Erzielung veränderter Bewusstseins- und Wahrnehmungszustände und zum praktischen Umgang mit dem Numinosen. (Die schamanische Musik wird in meinem Buch „Die schamanische Ritualmusik und die Kraft der Klänge" ausführlich betrachtet.)

Die bildende Kunst (hier schließe ich den Umgang mit Symbol und Piktogramm der Einfachheit halber ein) entstand aus magischen Ab-Bildungen des Wirklichen, insbesondere der Anderswelt.

Was es damit auf sich hat, möchte ich Dir detailliert anhand eines Beispiels beschreiben, dass Dir zugleich deutlich macht, wie unsere Vorfahren auf eine sehr praktische Art mit den verschiedenen Aspekten der Welt umgingen. Es geht dabei um einen Jagdzauber - ein fiktives Beispiel, das aber dennoch genau genug deutlich werden lässt, worum es hier geht.

## Der Jagdzauber

Die Schamanen begleiteten unsere Vorfahren durch die Gefahren des täglichen Lebens. Sie hatten unter anderem die Aufgabe, dem Jagdglück mit geeigneten Mitteln auf die Sprünge zu helfen, wenn die „normalen", sozusagen waidmännischen Methoden versagten. Diese Aufgabe war sehr wichtig und verantwortungsvoll, denn vom Erfolg der Jagd hing das Überleben der Sippe oder Gemeinschaft ab.

## Die spirituelle Ebene

Der Schamane betet. Er hat vor der Höhle ein Feuer entzündet. Er wartet darauf, dass der Mond hinter den Hügeln aufgeht.

Sein Stamm hat sich um das Feuer geschart. Die Männer, die übermorgen auf die Jagd gehen werden, hocken in einem engen Kreis um das Feuer, die anderen Männer, die Frauen und die Kinder bilden den zweiten Kreis.

Langsam schiebt sich die fast vollständig runde Scheibe des zunehmenden Mondes über die Hügelkette. Der Schamane wirft eine Handvoll Kräuter in das Feuer und beginnt einen monotonen Gesang, der von den Männern begleitet wird, indem sie mit der flachen Hand auf den Boden schlagen.

In endlosen Wiederholungen und Abwandlungen schickt der Schamane sein Gebet auf dem Rauch der im Feuer glimmenden Kräuter hinaus in die Welt und zu den Göttern. Die Bitte um Erfolg und Glück, die Bitte darum, dass die Götter gnädig auf sein Volk schauen und die drohende Hungersnot abwenden mögen.

Er greift zu seiner Trommel und nimmt den monotonen Rhythmus auf. Er steht auf und beginnt einen Tanz. Die Trommelschläge werden lauter und wilder, der Schamane reitet auf seiner Trommel in das Land der Götter, um seine Gebete und die seines Volkes selbst zu überbringen.

## Die magische Ebene

Der zweite Teil des Jagdzaubers beginnt am nächsten Tag. Der Schamane hat farbige Erden und Holzkohle vorbereitet. Jetzt zieht er sich alleine in die Höhle zurück, um unbeobachtet von den Augen der Welt, nur im Angesicht der Götter, in einem magischen Ritual das Jagdglück zu bannen.

Er malt die Tiere, die von den Jägern seines Stammes am nächsten Tag erlegt werden auf die Felswand der Höhle, und er malt die Jäger, die auf die Jagd gehen werden.

Er malt die Tiere an dem Wasserloch, zu dem er die Jäger schicken wird und er malt, wie die Jäger aus ihrem Hinterhalt springen und mit ihren Speeren die Tiere erlegen werden.

Er malt keine „symbolischen Darstellungen" und auch keine vorweggenommene Reportage der Ereignisse. Der Schamane hat sich in einen Zustand versetzt, in dem er sich in den Gefilden der Anderswelt bewegt. Er steht dem „magischen" Teil der Tiere und der Jäger direkt gegenüber und sein Bild ist ein „realistisches Abbild" dieser magischen Essenz, und durch seine Handlung stellt er jene magische „synchronistische" Verbindung zwischen Jägern und Gejagten her, die dazu führen wird, dass sich Mensch und Tier an genau diesem Wasserloch begegnen werden, um ihr Schicksal von Töten und getötet Werden zu erfüllen.

## Die mundane, weltliche Ebene

Am dritten Tag beginnen die Vorbereitungen für die Jagd. Der Schamane belegt die Speere der Männer mit einem Glückszauber und prüft dabei die Schärfe und den festen Sitz der Speerspitzen ebenso wie die Festigkeit, Ausgewogenheit und Glätte der Schäfte. Er schaut sich die Männer an und verteilt die Aufgaben nach Fähigkeit und Kondition. Er gibt ihnen Instruktionen und beschreibt den unter den gegebenen Windverhältnissen besten Weg zum Wasserloch, und zum genau richtigen Zeitpunkt schickt er sie auf den Weg.

Der Schamane bleibt mit den Alten, Frauen und Kindern im Lager zurück. Er wird die Vorbereitungen für das Fest überwachen, mit dem die erfolgreichen Jäger am nächsten Morgen begrüßt werden sollen.

Unsere Ahnen lebten nicht in einer magischen Welt, wie wir dies heute so gerne glauben. Genau wie wir heute lebten sie in einer aus drei Ebenen oder Aspekten bestehenden Welt. Allerdings hatten sie vielen von uns heutigen Menschen voraus, dass sie alle drei Ebenen kannten und sich auch in allen dreien zu Hause fühlten.

Die vorangegangene hypothetische, aber nach unseren Kenntnissen dennoch wohl angemessene Beschreibung eines Jagdzaubers macht dies deutlich:

Der Glaube an die Götter und das unmittelbare Wirken ihrer Kräfte in der Welt repräsentiert das Spirituelle, die Ebene von Religion und Glauben, die für den Sinn in der Welt steht. Dabei verfügten unsere Ahnen – unter anderem mit dem Mittel der schamanischen Reise – über die Möglichkeit, diese spirituelle Ebene direkt und unmittelbar persönlich zu erfahren, so dass sie nicht auf Glauben angewiesen waren, sondern wissen konnten.

Das magische Ritual, hier die Herstellung des Bildes und seine Bindung an die dargestellten Lebewesen, steht für die Magie, für die nicht-alltägliche Wirklichkeit, die Anderswelt, und für das Wilde in der Welt.

Die dritte, mundane Ebene, unsere alltägliche Wirklichkeit, in der Wissenschaft und Technik dominieren und mit ihnen die Ordnung, wird hier stellvertretend durch die Speere angedeutet: Unsere Vorfahren verfügten über erstaunliche Fertigkeiten in der Herstellung vielfältiger Gerätschaften aus einfachsten Materialien, die uns zum Teil heute verloren gegangen sind. Ebenso erstaunlich ist die Überlebensfähigkeit unserer Ahnen, die aus einer exakten, präzisen und ungeheuer detailreichen Beobachtung der Natur geboren wurde.

Unsere Vorfahren wussten sehr genau, dass diese drei Ebenen oder Aspekte, die spirituelle, die magische und die mundane zusammenkommen mussten, wenn sich der Erfolg der Bemühungen einstellen sollte. Eine zentrale Rolle spielten dabei die „Fachsprachen" von Kunst, Piktogramm, Ritual und Gebet, deren Bedeutung wir anhand dieses Beispiels jetzt besser verstehen können:

So wie die Landkarte ein Modell der Landschaft ist, so ist unsere Alltagssprache ein Modell der alltäglichen Wirklichkeit. Genauso ist auch die Kunst in ihrer ursprünglichen Form in allen ihren Erscheinungsformen eine Landkarte der Anderswelt und der spirituellen Welt.

So wie aus der Alltagssprache die Fachsprachen der Wissenschaften entstanden, die uns in der Technik auch Werkzeug zum praktischen Umgang mit der Welt liefern, so geben uns auch Kunst, Ritual und Gebet nicht nur die Möglichkeit des Beschreibens, sondern auch das Handwerkszeug zum Umgang mit dem magischen und spirituellen Teil der Welt.

Lernen wir daraus also zunächst einmal, dass es wichtig ist, die verschiedenen Ebenen der Welt auseinander zu halten und sie jeweils mit ihren eigenen „Fachsprachen" und der ihnen angemessenen Wahrnehmung zu betrachten.

Wir zivilisierten Mitteleuropäer haben lediglich das Problem, die Kenntnisse von den „anderen" Teilen der Welt verloren zu haben – und mit diesen Kenntnissen auch die Fähigkeit der scharfen Wahrnehmung und die Möglichkeit der Kommunikation mit anderen. Diese Probleme sind nicht so unüberwindbar, wie es vielleicht auf den ersten Blick scheint. Wenn wir die „Knackpunkte" kennen, können wir auch Lösungen für sie finden.

Im Nachhinein wird Dir deshalb vielleicht noch ein Grund dafür deutlich, warum dieser Exkurs in die Gefilde des Intellekts unumgänglich ist: Mit seiner Hilfe können wir einige Probleme sehr eindeutig benennen und auch Lösungswege finden, die uns sonst vielleicht entgangen wären.

Aus dem bisher Gesagten lernen wir also:

1. Es gibt verschiedene Ebenen der Welt, die gleichzeitig und „gleichräumig" real existieren. Eine davon ist die alltägliche Wirklichkeit, der wir mit den Mitteln der alltäglichen Wahrnehmung ebenso begegnen wie mit Wissenschaft und Technik.
2. Eine andere davon ist die Anderswelt, für die wir offenbar andere Formen des Wahrnehmens und des handwerklichen und künstlerischen Umgangs benötigen.
3. Die schamanische Reise oder Anderswelt-Reise ermöglicht es uns, unsere Wahrnehmung zwischen diesen Teilen der Welt „umzuschalten".

# KAPITEL 4

# Die Anderswelt-Reise

Was aber ist eigentlich die Anderswelt-Reise? Zunächst einmal ist die Antwort sehr einfach: Die Anderswelt-Reise ist das handwerkliche Mittel, mit dessen Hilfe wir die Anderswelt betreten können. Doch was steckt hinter dieser Formulierung?

Die Mittel der Anderswelt-Reise, die Klänge, die Haltung, die wir einnehmen, die gedanklichen „Zielvorrichtungen", die wir benutzen, alle diese Hilfsmittel erzeugen einen veränderten Bewusstseinszustand. Dieser veränderte Bewusstseinszustand ermöglicht es uns, die Erscheinungen (Dinge, Wesen) der Anderswelt wahrzunehmen.

Unsere Wahrnehmung ist normalerweise auf die alltägliche Wirklichkeit ausgerichtet. In ihr leben wir überwiegend, auch wenn ein Teil von uns sich ständig in die Anderswelt erstreckt und sich dort befindet. (Darüber erfährst Du später mehr.) Die Anderswelt ist nicht „woanders", also an anderer Stelle als die alltägliche Wirklichkeit, denn beide existieren gleichzeitig und gleichräumig, auch wenn wir gewöhnlich nur eine von beiden zu einer Zeit wahrnehmen können.

Die Anderswelt-Reise bewirkt also eine „Umschaltung" unserer Wahrnehmung auf diesen anderen Teil der Welt. Die Schamanen mancher Völker sagen, dass ihre Seele in die Anderswelt reist, wieder andere nennen den Geist als den Teil von uns, der die Anderswelt betritt. Diese Begriffsverwirrung liegt in unserer Sprache begründet, nicht im mangelnden Verständnis dieser Schamanen: Sie verfügen über eine Fachsprache, in der die Begriffe, die sie verwenden, sehr genau definiert sind, während die Wörter Körper, Geist und Seele unserer Alltagssprache angehören und mit völlig anderen und vor allem nicht eindeutig definierten Inhalten gefüllt sind.

Wer wirklich verstehen will, sollte sich also davor hüten, vorschnell irgendwelche Wort-Etiketten an diese Dinge zu hängen. Ich denke, unserem Verständnis der Welt und unserem Umgang mit den Begriffen entspricht es am ehesten zu sagen, dass sich unsere Wahrnehmung verändert oder dass wir die Sinnesorgane unserer alltäglichen Wirklichkeit deaktivieren, um andere Wahrnehmungsformen oder Wahrnehmungsfähigkeiten in uns „einzuschalten".

> Wir verlassen also in der Anderswelt-Reise nicht einen Teil der Welt, um in einen anderen (entfernten) zu reisen, sondern wir richten unsere Wahrnehmung lediglich von einem Teil der uns umgebenden Wirklichkeit auf einen anderen.

Deshalb besteht unsere Betrachtung der Anderswelt-Reise auch aus zwei Teilen: Einerseits beschreibe ich, wie diese Umschaltung der Wahrnehmung vonstatten geht. Andererseits versuche ich, Dir deutlich zu machen, was es mit dieser anderen Form der Wahrnehmung auf sich hat.

## Die „alltägliche Seite" der Anderswelt-Reise

Wenn Du verstehen willst, wie die Anderswelt-Reise funktioniert, dann musst Du zunächst wissen, dass sie sich in einem wesentlichen Punkt von den meisten anderen veränderten Bewusstseinszuständen unterscheidet:

Der aktive Wille, die bewusste Aufmerksamkeit und damit Deine Handlungsfähigkeit bleiben in diesem Reise-Zustand vollständig erhalten.

Du kennst sicher aus Träumen den Zustand, in einem Erlebnis gefangen zu sein, das ohne Dein Zutun einfach abläuft. Die Dinge geschehen, Du bist in ihnen, kannst sie nicht beeinflussen, und Du kannst vor allem nicht einfach „aussteigen". Im Gegensatz dazu weißt Du während der Anderswelt-Reise ständig, was geschieht. Du kannst willentlich handeln, die Ereignisse beeinflussen, indem Du agierst und reagierst – und vor allem kannst Du jederzeit die Anderswelt verlassen, indem Du den Beschluss fasst, in die alltägliche Wirklichkeit zurückzukehren.

Das heißt allerdings nicht, dass alles in der Anderswelt Deinem Willen unterworfen wäre, wie dies in manchen Arten von Fantasiereisen oder Tagträumen der Fall ist. Die Anderswelt ist ebenso ein Teil der Wirklichkeit wie die alltägliche Wirklichkeit und damit ebenso unabhängig und zugleich abhängig von Deinen Wünschen, Vorstellungen und Handlungen wie diese.

Es geht in der Anderswelt-Reise auch nicht darum, irgendwohin abzudriften, Deine eigenen inneren Bilder aufsteigen zu lassen oder in Dein Unbewusstes, Dein Unterbewusstsein oder das kollektive Unbewusste abzusteigen! Es geht auch nicht darum, Visionen zu empfangen, also Botschaften von außen, auch nicht darum, Deinen Geist leer zu machen, wie in vielen Formen der Meditation.

Vielmehr ist die Anderswelt-Reise genau das: Die Reise in einen anderen Teil der Wirklichkeit, in dem wir ebenso über alle unsere mentalen Fähigkeiten verfügen wie in der alltäglichen Wirklichkeit, in dem wir uns denkend, fühlend und handelnd bewegen, um Probleme zu lösen, Informationen zu erhalten, die Welt (und damit auch uns selbst) zu erkennen – und so weiter!

Deshalb auch sollten wir die Bilder unserer Anderswelt-Reisen keinesfalls so deuten wie die Symbole unserer Träume. – Doch darüber später mehr.

Wenn die Anderswelt-Reise also wirklich „nur" in einer Umschaltung der Wahrnehmung besteht, sollte die Sache eigentlich sehr einfach sein. Im Prinzip ist sie das tatsächlich. Allerdings gibt es einige Probleme dabei, die überwiegend damit zu tun haben, dass wir eben Europäer des 21. Jahrhunderts sind, denen wesentliche Voraussetzungen im Laufe der Zeit abhanden gekommen sind.

Zunächst einmal scheint sich bei uns ein gewisses Gefühl der Beliebigkeit für die schamanischen Dinge breit gemacht zu haben. Man experimentiert, macht es mal so, mal so, mal wird getrommelt, dann gerasselt, man hat von Reisehaltungen gehört, ruckelt sich irgendwie zurecht, hat von Ritualen gehört, räuchert ein bisschen Salbei, tut vielleicht noch dies oder jenes – und hofft, dass sich die Dinge schon regeln werden. Vielleicht sieht man schöne Bilder, glaubt, den Kontakt zu seinem „Höheren Selbst" oder dem „Inneren Schamanen" gefunden zu haben, mischt Visionen, Fantasiereisen, Anderswelt-Reisen, Meditationen und ähnliches bunt durcheinander...

Mir wird ehrlich gesagt übel, wenn ich solchen Dingen in Wort und Schrift begegne. Die Anderswelt-Reise ist ein uraltes, wahrscheinlich mehr als 30.000 Jahre altes Handwerk. Es gibt präzise Regeln, scharf geschliffene „Werkzeuge" und klare Voraussetzungen für den Erfolg des Handelns. Natürlich steht es jedem frei zu experimentieren – aber: Wenn man irgendetwas tut, wird ganz schlicht auch irgendetwas passieren. Nur wenn ich mich strikt an die handwerklichen Regeln halte, wird genau das geschehen, was geschehen soll!

Es ist durchaus wichtig, sich an die traditionellen Formen zu halten – und zwar aus dem einfachen Grund, weil sie in Jahrtausende langer Praxis bewährt und verbessert worden sind.

Wenn es also zum Beispiel heißt, für den Klang, der die Anderswelt-Reise fördert, benötigen wir einen Rhythmus von 200 bis 210 Schlägen pro Minute, dann brauchen wir genau das und nicht irgend etwas anderes, um effektiv auf die Reise gehen zu können! Natürlich geschieht auch etwas, wenn die Schlagzahl über oder unter diesen Werten liegt. Aber was? Und mit welcher Effektivität?

Zu der Zeit, als ich beruflich noch mit der Entwicklung medizinischer Messgeräte beschäftigt war, hatte ich in meinem Labor die Gelegenheit, in Selbstversuchen und in Zusammenarbeit mit anderen Menschen alle Handwerkszeuge und Rahmenbedingungen der Anderswelt-Reise physiologisch zu untersuchen. Bekanntlich lassen sich nur Quantitäten und nicht Qualitäten messen (ein großes Hindernis auch bei der medizinischen Erforschung der Meditation), aber es lässt sich zum Beispiel doch sehr genau überprüfen, welche Intensität die mit der Anderswelt-Reise einhergehenden Zustandsveränderungen annehmen, so dass sich durchaus nachweisen lässt, dass der als „Durchgangsstadium" eintretende unspezifische Trance-Zustand zu Beginn der Reise wesentlich schneller eintritt und sehr viel tiefer wird, wenn die Schlagzahl des Reiseinstruments in dem Bereich von 200 – 210 Schlägen liegt.

Auf diese Weise haben wir im Laufe einiger Jahre das „Drum und Dran" der Anderswelt-Reise immer wieder untersucht, nur um zu der Feststellung zu gelangen, dass die in der Tradition festgeschriebenen handwerklichen Mittel besser funktionieren als alle anderen, und dass sie „genau nach Vorschrift" eingesetzt werden müssen, um optimal funktionieren zu können.

Welche Mittel dies sind und wie sie angewendet werden, soll in Kapitel 7 ausgiebig beschrieben werden. Bleiben wir hier erst einmal bei der „alltäglichen Seite" der Anderswelt-Reise:

Der Körper bleibt „Hier". Der Geist/die Seele bleibt „Jetzt". Die Wahrnehmung der alltäglichen Wirklichkeit schließt sich. Die Wahrnehmung der Anderswelt öffnet sich. Dieser Prozess geht mit sehr eindeutigen physiologischen Veränderungen einher, deren Betrachtung auch für denjenigen interessant ist, der jenseits der medizinischen Untersuchung einfach die Anderswelt-Reise erlernen will.

Grob betrachtet, geschieht folgendes: Der Reisende tritt zunächst in einen Entspannungszustand ein, der in einen unspezifischen Trancezustand mündet. Wenn die Zielgebung der Reise (durch die Reisehaltung, die Vornahme und so weiter) funktioniert, entsteht aus diesem Trancezustand der eigentliche Reisezustand, der schließlich wieder in einen Entspannungszustand mündet.

Diese Beschreibung ist schon allein deshalb stark vereinfacht, weil es zwei verschiedene Möglichkeiten der Reise gibt, die bewegungsinduzierte und die ruheinduzierte Reise. (Beide können wiederum mit und ohne halluzinogene Substanzen durchgeführt werden.)

Bewegungsinduzierte Reisen kennst Du vielleicht aus Berichten über koreanische, sibirische oder mongolische Schamanen: Sie tanzen bis zum Zustand der völligen Erschöpfung, schlagen dazu ihre (speziellen) Trommeln, singen auch – und versinken dann irgendwann in einen Zustand völliger physischer Erschöpfung, aus dem heraus der Reisezustand entsteht.

Ruheinduzierte Reisen benötigen bestimmte Körperhaltungen und den Eintritt in die körperliche und geistige Ruhe, damit der auslösende Entspannungszustand entstehen kann: In der Entspannung richtet sich unsere Aufmerksamkeit auf nichts, sie gelangt in einen Ruhezustand, aus dem heraus sie ohne „Alltagsrest" auf einen bestimmten Gegenstand, in diesem Fall die Anderswelt, gerichtet werden kann.

In unserer europäischen Workshop-Kultur hat sich die Verwendung der ruheinduzierten Reise weitgehend durchgesetzt. Dagegen ist auch nichts einzuwenden, weil dem Reisenden auch in dieser Form alle Tore der Anderswelt im Prinzip offen stehen.

Allerdings gibt es auch innerhalb dieser Reiseform wieder zwei unterschiedliche Ausprägungen. Ich nenne sie die „Verschiebungsreise" und die „Ekstasereise".

Als Anfänger stellst Du Dir vielleicht vor oder wünschst Dir, völlig mit allen Deinen Sinnen in die Anderswelt einzutauchen und Dich von der Präsenz der Dinge und Wesen mehr oder weniger überwältigen zu lassen, so wie es in den Beschreibungen der Ethnologen oder auch in den autobiografischen Texten und Reden mancher Schamanen dargestellt wird.

In der Tat habe ich miterlebt, dass jemand schon bei seinem ersten Versuch einer Anderswelt-Reise in diesen ekstatischen Zustand eingetaucht ist. Gewöhnlich aber ist die Anderswelt-Reise eher sanft und von einer nur unvollständigen Aktivierung der Sinneswahrnehmung begleitet. Das genügt für die meisten mit der Reise verbundenen Zielsetzungen auch durchaus – und kein Schamane käme auf die Idee, die Anstrengungen einer Ekstasereise auf sich zu nehmen, wenn die „einfachere" Umschaltung der Wahrnehmung in der Verschiebungsreise genügt. In jedem Fall braucht eine Ekstasereise nicht nur mehr Übung und mehr Beherrschung der handwerklichen Technik als dem Anfänger zur Verfügung steht, sie lässt sich auch nicht durch die in Workshops gelehrte Form herbeiführen, weil sie entweder die ekstatische Bewegung oder den Gebrauch halluzinogener Pflanzen erfordert. Also fasse Dich in Geduld und finde erst einmal heraus, wie weit Dich die einfachere (und physisch und psychisch unbedenkliche) Form der Verschiebungsreise in Deiner Arbeit führt, bevor Du Dir Gedanken über die Ekstasereise machst!

Die beiden folgenden Diagramme zeigen Dir auch ohne Kenntnisse der physiologischen Zusammenhänge schematisch den Unterschied zwischen einer Verschiebungsreise und einer Ekstasereise.

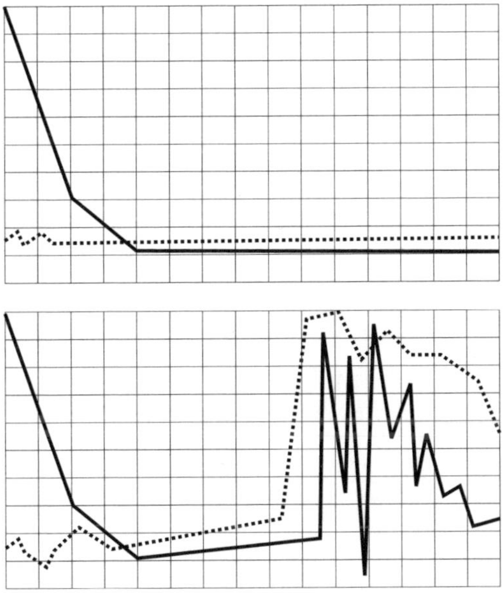

Abbildung 3: Schematische Darstellung von Messwerten
bei der Anderswelt-Reise

Die durchgezogene Linie zeigt die Veränderungen der PGR (Psychogalvanische Reaktion), die gepunktete Linie die Schwankungen (Veränderungen der Amplitudengröße) des EMGs (Elektromyogramm) während schamanischer Reisen. Die Veränderung der Messwerte im ersten Diagramm ist typisch für den Eintritt eines tiefen Entspannungszustands, der in einen Zustand unspezifischer Trance einmündet. Im zweiten Diagramm ist ein Ablauf dokumentiert, der ähnlich beginnt, aber nach ca. neun Minuten in einen völlig anderen, „ekstatischen" Zustand übergeht. Die Veränderungen sind auch schon bei der visuellen Beobachtung der Probanden erkennbar: Im ersten Fall liegen die „Reisenden" völlig ruhig da, und die äußeren Merkmale eines

Trancezustands machen sich bemerkbar. Im zweiten Fall beginnen die „Reisenden" plötzlich zu zittern, heftige unwillkürliche Muskelbewegungen können den Körper erschüttern, Flattern der Augenlider und starke Aktivität der Gesichtsmuskulatur machen sich bemerkbar. Das äußere Erscheinungsbild kann sich einem epileptischen Anfall nähern. Tatsächlich haben manche Ethnologen vor allem des ausgehenden 19. und beginnenden 20. Jahrhunderts versucht, die von ihnen beobachteten Anderswelt-Reisen als epileptische Anfälle zu deuten!

Das erste Diagramm dokumentiert eine Verschiebungsreise, das zweite eine Ekstasereise. Die Ekstasereise ist von außergewöhnlicher physischer und psychischer Intensität. Diese Erlebnisintensität entsteht aus der plötzlichen (vor allem für uns Westler unerwarteten), überwältigenden und direkt erlebten Gewissheit heraus, dass die Anderswelt-Reise als reales Ereignis tatsächlich in diesem Moment stattfindet – und dass sie in einen Teil der Welt führt, der ebenso real ist, wie unsere alltägliche Wirklichkeit.

Dahingegen ist die Verschiebungsreise lediglich ein „Umschalten der Wahrnehmung". Mit einer Willensanstrengung ist es möglich, die nicht-alltägliche Wirklichkeit wahrzunehmen. Dabei ist diese Wahrnehmung nicht von der Empfindung einer unmittelbaren „Ortsveränderung" begleitet, also dem tatsächlichen Eintauchen in diesen Teil der Welt.

Anmerkung für Anfänger:

Die beiden Diagramme zeigen noch etwas anderes, das für Anfänger sehr wichtig ist. Unsere Untersuchungen hatten ein sehr verblüffendes Ergebnis: Das Rasseln oder Trommeln für die Reise dauert (als europäische Workshop-Konvention) immer 15 Minuten. Der eigentliche Reisezustand beansprucht davon lediglich einen Bruchteil, meist zwischen einer und zwei Minuten. Das heißt für Dich als Anfänger: Du hast alle Zeit der Welt und es gibt keinen Anlass, ungeduldig zu werden, wenn die Reise nicht gleich klappt! Die Ungeduld und die Erwartungshaltung („Nun muss aber endlich etwas passieren...!") sind die sichersten Methoden, nicht in den Reisezustand einzutauchen. Also fasse Dich in Geduld! Selbst wenn schon 10 Minuten oder mehr vorbei sind – die Zeit reicht immer noch für eine vollständige und ausgedehnte Anderswelt-Reise!

Wer heute als zivilisierter Mensch auszieht, um das schamanische Reisen zu erlernen, bekommt häufig die Versprechung mit auf den Weg, das schamanische Reisen könne jeder erlernen und man brauchte nur einen Workshop mitzumachen, um dieses Ziel zu erreichen.

Leider stimmt das nicht so ganz. Ich weiß zwar aus den Workshops, die ich seit vielen Jahren selbst durchführe, dass tatsächlich nahezu jeder Mensch recht problemlos die „Verschiebungsreise" erlernen kann. Die eigentliche „Ekstasereise" *gezielt* herbeizuführen, erfordert jedoch ein besonderes Talent, über das nur sehr wenige Menschen verfügen und das auch ausgebildet werden muss. (Soviel zum Thema „schamanische Basisdemokratie"!) Den meisten Menschen widerfährt die Ekstasereise hin und wieder aus heiterem Himmel, die wenigsten sind in der Lage, diesen Teil des schamanischen Handwerks so zu erlernen, dass sie es systematisch praktizieren können.

Das ist vielleicht auch gut so, denn die Ekstasereise beansprucht die physische und psychische Stabilität sehr stark und erfordert sehr viel Erfahrung und Umsicht im Umgang mit den Wesen und Dingen der Anderswelt.

Da ich in meinen Workshops hin und wieder von ängstlicheren Gemütern gefragt werde, ob die Anderswelt-Reise denn nun gefährlich für den Reisenden sein kann, möchte ich an dieser Stelle festhalten:

Die einfache Form der Anderswelt-Reise, die Verschiebungsreise, ist unbedenklich und ungefährlich. Solange Du Dich in der Anderswelt befindest, bist Du zwar ihren Wesen und Ereignissen ausgesetzt, denn Du kannst sie nicht steuern wie eine Fantasiereise. Wenn Du aber wirklich einmal Bedenken hast oder tatsächlich in eine unangenehme Situation gerätst, kannst Du die Reise jederzeit beenden, indem Du einfach die Augen öffnest. – Dein freier Wille bleibt jederzeit aktiv, und nichts und niemand kann Dich in der Anderswelt festhalten, wenn Du es nicht willst. Du musst lediglich die Augen öffnen und für Dich die Reise mental beenden.

Den vielen hundert Menschen, die im Laufe der Jahre an meinen Workshops teilgenommen haben, ist nie etwas Bedenkliches widerfahren. Ich hätte gewiss davon gehört. Zwar geschieht es manchmal, dass jemand aufgerüttelt und durchgeschüttelt wird, dass Wunden aufbrechen oder dass Konflikte an die Oberfläche kommen – aber das ist ja gerade der Sinn der Übung: Heilung kann schmerzhaft sein, und die Konfrontation mit den eigenen Defiziten oder Unzulänglichkeiten ist nicht unbedingt angenehm. Aber wenn sie erforderlich ist, wirst Du sie auf Deinen Anderswelt-Reisen auch erleben!

# KAPITEL 5

# Die Wahrnehmung der Anderswelt

Angenommen, Du bist bereit, Deine erste Anderswelt-Reise zu unternehmen. Weiter angenommen, das Anfängerglück ist Dir hold: Dein Weg führt Dich tatsächlich in die Anderswelt! Was nimmst Du wahr?

Zunächst einmal ein ganz wichtiger Hinweis:

Die meisten Menschen sprechen davon, die Anderswelt zu sehen und deshalb erwarten auch die meisten Neulinge der Anderswelt-Reise, etwas zu sehen! Diese Erwartungshaltung kann aber sehr destruktiv sein und zu heftigen, sogar unüberwindbaren Enttäuschungen führen: Es lässt sich nicht vorhersagen, welche Deiner Sinneswahrnehmungen aktiv sein werden! Es könnte sein, dass tatsächlich Dein Gesichtssinn aktiviert wird und Du Dinge/Wesen siehst. Es könnte aber genauso gut sein, dass Du etwas hörst, riechst, schmeckst oder mit dem Tastsinn spürst. Vielleicht empfindest Du auch Emotionen unterschiedlichster Art oder – eine gar nicht einmal so seltene Möglichkeit – Du hörst eine Stimme in Deinem Kopf, die Dir erzählt, was geschieht. (So, als säßest Du mit geschlossenen Augen im Kino und Dein Sitznachbar erzählt Dir, was sich auf der Leinwand tut.)

All dies ist möglich, auch natürlich Kombinationen mehrerer Wahrnehmungsarten, und Du solltest nicht enttäuscht sein, wenn Du nichts „siehst". Das würde Dir nur den „Blick" vernebeln für die Informationen, die Du bekommst. Wir sind als „zivilisierte Mitteleuropäer" nun einmal auf den Gesichtssinn fixiert und stellen die visuelle Wahrnehmung über die anderen Wahrnehmungsformen. Das ist aber zumindest in Bezug auf die Anderswelt-Reise völlig falsch! Es spielt überhaupt keine Rolle, wie Du etwas wahrnimmst! Entscheidend ist nur, dass Du eine Wahrnehmung hast und was Du daraus machst.

Die Erfahrung zeigt, dass jeder Mensch bei seinen ersten „Reiseversuchen" gewöhnlich nur über einen aktiven Wahrnehmungssinn verfügt. Im Allgemeinen jedoch kommen mit zunehmender Erfahrung die anderen Stück für Stück dazu. Allerdings gibt es offenbar durchaus unterschiedliche Typen: Die einen bauen eher ihre visuelle, die anderen die auditive und wieder andere die emotionale Erfahrung aus. Dies entspricht ja auch durchaus unserem Umgang mit der alltäglichen Wirklichkeit!

Kommen wir wieder zum Ausgangspunkt zurück: Du hast also etwas von der Anderswelt wahrgenommen – doch was ist es genau, das Du wahrgenommen hast? Wie die Blinden, die plötzlich durch Spontanheilung oder medizinische Fortschritte sehen können, wirst Du mit Sinneseindrücken konfrontiert, die Du nicht einordnen kannst, weil Dir die Erfahrungswerte fehlen.

Genauso wie diese Blinden in der alltäglichen Wirklichkeit, so würdest Du in der Anderswelt den nächst gelegenen Laternenpfahl (oder das entsprechende Anderswelt-Gegenstück dazu) umrennen, weil Du nicht in der Lage wärst, Deiner physiologischen Wahrnehmung einen Erfahrungswert zuzuordnen. Wenn wir mit Wahrnehmungen konfrontiert werden, die jenseits unseres Erfahrungswelten liegen, dann setzt gewöhnlich ein sehr einfacher Mechanismus ein: Wir kramen in unseren Erinnerungen, in unserem Unterbewusstsein nach „Bildern" die ungefähr auf diese neue Erfahrung passen könnten und kleiden sie damit ein.

Das ist der schlichte Grund dafür, dass die Beschreibungen der Anderswelt-Reisen bei jedem Menschen zunächst einmal anders ausfallen!

Ein nettes Beispiel dafür findest Du in den frühen Reiseberichten von Europäern, die zum aller ersten Mal exotischen Tieren begegneten: Ihre Beschreibungen haben zum Teil wirklich kaum etwas mit dem tatsächlichen Aussehen dieser Tiere zu tun, und es hat einige Zeit des vertraut Werdens mit ihrem Erscheinungsbild erfordert, bis die Beschreibungen sich der fotografisch dokumentierbaren „Wirklichkeit" näherten.

Ein anderes Beispiel ist eine Geschichte, die aus dem Hinduismus stammt: Mehrere Blinde begegnen einem Elefanten. Der erste schlingt seine Arme um ein Bein des Tieres und sagt, dass das Tier einem Baum gleiche. Der zweite hat den Rüssel zu fassen bekommen und hält es für ein schlangenähnliches Tier. Der dritte hängt an einem Ohr des Elefanten und spricht von einem Fächer, während der vierte den Schwanz in der Hand hält und glaubt, es wäre ein Tau.

Offensichtlich wäre es erforderlich, die unterschiedlichen Wahrnehmungen dieser Männer miteinander zu vergleichen und weitere Nachforschungen anzustellen, um eine genauere Vorstellung von diesem Elefanten-Wesen zu bekommen.

Vor einigen Jahren habe ich mit einer Workshop-Gruppe einmal ein sehr ähnliches Erlebnis gehabt: Wir befanden uns auf Gomera (kanarische Inseln) auf einer Lichtung des Urwalds und wollten in einer Anderswelt-Reise dem Ortswesen dieses Urwalds begegnen. Die 15 Teilnehmer waren zum größten Teil noch Anfänger in der Kunst des Reisens, und dementsprechend war ihre Wahrnehmung noch recht undeutlich. Sie erzählten nach dem Ende der Reise fast genauso wie die Blinden von dem Elefanten. Der eine erwähnte die Größe und das Gewicht eines für ihn nur undeutlich sichtbaren Wesens, der nächste sprach von den stampfenden, bodenerschütternden Schritten, ein dritter von einem riesigen Maul mit langen, weißen Zähnen, wieder ein anderer von einer schuppigen, grünen Haut – und so weiter. Jeder hatte eine andere Sinneserfahrung von diesem Wesen zu berichten, aber die Einzelheiten setzten sich ziemlich mühelos zu einem stimmigen Gesamtbild zusammen, und zum Schluss waren sich alle darüber einig, dass sie tatsächlich alle verschiedene Aspekte eines einzigen Wesens wahrgenommen hatten. Leider erlaubte es unsere Zeit nicht mehr, durch weitere Anderswelt-Reisen den Kontakt zu vertiefen. Doch da ich selbst im Jahr zuvor schon dieses Ortswesen auf einer Anderswelt-Reise gesehen hatte, wusste ich, dass die unterschiedlichen Beschreibungen der Teilnehmer tatsächlich alle zusammenpassten.

Daraus solltest Du lernen, dass Deine Sinneswahrnehmungen der Anderswelt, gleich, ob sie nun visuell, auditiv oder anderer Natur sind, mit ziemlicher Sicherheit kein vollständiges und detailliertes „Bild" liefern. Darüber hinaus hast Du gewiss Deine eigenen Assoziationen zur Einkleidung Deiner Wahrnehmung benutzt, so dass Deine Erfahrungen sich nicht unbedingt in Bildern niederschlagen, die mit denen anderer Menschen deckungsgleich sind, selbst wenn die gleiche Erfahrung zugrunde liegt.

Deshalb ist es außerordentlich wichtig, Deine Wahrnehmung zu präzisieren und sie mit denen anderer zu vergleichen, um einerseits Dein Verständnis zu fördern und andererseits die Möglichkeit zu schaffen, mit anderen über Deine Erfahrungen sprechen zu können.

Wohlgemerkt: Das ist ein Problem von uns „zivilisierten Europäern". Wenn Du in einer Kultur leben würdest, in der die Tradition der Anderswelt-Reise noch lebendig ist, dann würdest Du ganz selbstverständlich über einen allen gemeinsamen Vorrat an Bildern und Konzepten verfügen, die den Umgang mit den Anderswelt-Erfahrungen sehr einfach machen!

Es gibt verschiedene Möglichkeiten, mit diesem Problem umzugehen. Das wichtigste ist dabei die Übung und im Anfang die genaue Nachforschung. Allerdings wirst Du nicht weit kommen, wenn Du nicht „Buch führst"! In meinen Workshops fordere ich die Teilnehmer immer sofort nach jeder Reise dazu auf, ihre Erlebnisse aufzuschreiben. Das dient mehreren Zwecken:

Erstens geschieht es oft, dass die Erinnerung sehr schwach ist. Manche Anfänger sagen sogar, sie hätten gar nichts erlebt. Spätestens wenn ihnen die erste Einzelheit – und sei sie noch so unbedeutend – wieder eingefallen ist, öffnen sich die Schleusen, und sie stellen fest, dass sie doch einiges erlebt haben. Auch erfahrenen Reisenden fallen während des Schreibens immer wieder wichtige Einzelheiten ein, die sie sonst vergessen hätten.

Zweitens wird es immer wieder vorkommen, dass Du Dinge nicht verstehst. Wenn Du aber Deine Aufzeichnungen hin und wieder studierst, wird Dir irgendwann sicher die Einsicht kommen. Oder aber Du entschließt Dich, anhand Deiner Aufzeichnungen durch weitere Reisen genauere Auskünfte zu erlangen oder Nachforschungen anzustellen. Spätestens dann brauchst Du Deine Reiseberichte, damit nicht alles hoffnungslos durcheinander gerät.

Drittens fördert die Notwendigkeit, Deine Erlebnisse in Worte zu fassen, auch die Präzision der Wahrnehmung und dient der Konkretisierung Deiner Bilder.

Wenn Du mit anderen zusammen eine Reise unternimmst, solltet ihr eure Erfahrungen nicht nur aufschreiben, sondern sie auch reihum erzählen. Das fördert das Verständnis und auch die Übereinstimmung der Bilder noch mehr. Das ist sehr wichtig, weil es sonst schwierig bleibt, gemeinsame Erfahrungen überhaupt zu erkennen.

Ich möchte Dir dazu ein Beispiel aus einem meiner Workshops berichten: In diesem Workshop ging es zwar um das Verständnis der Runen, aber alle Teilnehmer verfügten zumindest über rudimentäre Erfahrungen mit der Anderswelt-Reise, so dass wir einige Probleme auch auf diesem Wege zu lösen versuchten. Ich gab den Teilnehmern eine Rune aus einem Runensatz, der ihnen völlig unbekannt war. Sie sah so aus:

Abbildung 4: Die unbekannte Testrune

Ich sagte ihnen, dass es in dem Runensatz, mit dem wir uns beschäftigten, eine Rune gäbe, die inhaltlich mit dieser Rune vollständig übereinstimmt, aber völlig anders aussieht. Sie sollten nun in einer Anderswelt-Reise herausfinden, welche Rune dies war. Zu Deinem Verständnis zeige ich Dir hier den vollständigen Runensatz, der den Teilnehmern bekannt war.

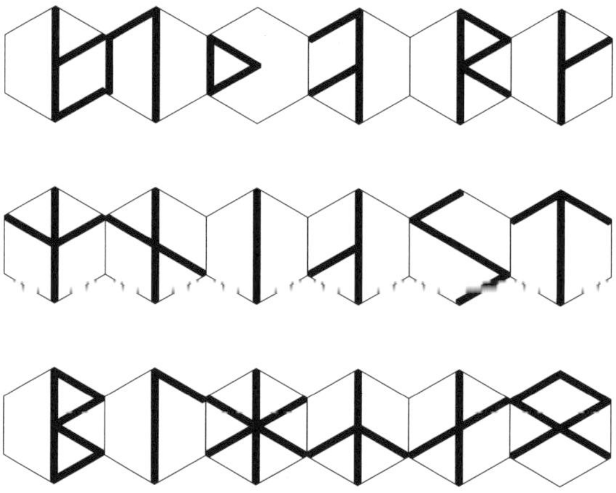

Abbildung 5: Der vollständige Runensatz

Du siehst, dass es wirklich keine offensichtliche Übereinstimmung und damit keine „alltägliche" Methode gibt, die Bedeutungsgleichheit herauszufinden. Die Teilnehmer hatten auf ihren Reisen völlig unterschiedliche Erlebnisse. Einer berichtete zum Beispiel von einer Wiese mit einem Gatter, einem Widder der über das Gatter springen wollte, das in diesem Augenblick jedoch zufiel. Ein anderer erzählte von einem Haus und einer alten Frau, die auf einer Bank davor saß und mit ihm sprach. Keiner konnte aus den Berichten entnehmen, worauf sie sich inhaltlich wohl beziehen könnten. Gefragt, welche Rune denn nun die Testrune sei, gab es jedoch eine nahezu vollständige Übereinstimmung: Von sieben Teilnehmern legten sich fünf eindeutig fest und nannten die Rune Hagal. Ein weiterer Teilnehmer konnte sich nicht zwischen zwei Runen entscheiden. Eine davon war jedoch Hagal. Eine Teilnehmerin wusste es nicht.

Die Rune Hagal war tatsächlich die gesuchte Rune. Die beiden Zeichen in der folgenden Abbildung sind also inhaltlich gleich, auch wenn sich das nicht aus ihrer Form entnehmen lässt.

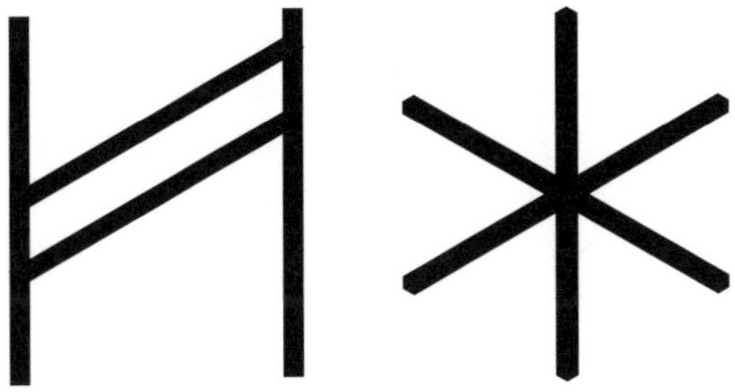

Abbildung 6: Zwei Formen der Rune Hagal in verschiedenen Runensätzen

Die Teilnehmer konnten auf meine Fragen hin nicht wirklich erklären, wie sie von ihrem Anderswelt-Erlebnis auf die Bedeutung der Rune gekommen waren, dennoch brachten sie mit wirklich überwältigender Mehrheit die richtige Antwort mit. Die meisten waren sich auch völlig sicher, dass sie es richtig getroffen hatten. Ich kann nicht in die Köpfe der Leute hineinschauen und deshalb auch nicht wissen, wie ihre Bilder zustande kommen. Das ist in diesem Fall aber auch gar nicht wichtig, denn die Aufgabe wurde von der Mehrheit eindeutig gelöst.

Du siehst an diesem Beispiel, dass die Antworten, die Du suchst, auf manchmal verschlungenen Wegen oder in merkwürdigen Formen gegeben werden. Wenn Deine Absicht (Deine Frage) jedoch klar ist, dann kannst Du die Antwort auch finden – und verstehen.

Fassen wir also zusammen:

Deine Wahrnehmung von der Anderswelt ist nicht so klar und gefestigt wie die von der alltäglichen Wirklichkeit. Das liegt daran, dass Dir die Erfahrungswerte fehlen und die Sicherheit, Bilder zu finden und mit einer festen Bedeutung zu verknüpfen. Als Anderswelt-Anfänger bist Du wie ein Baby, dessen Wahrnehmung der Welt auch noch nicht sonderlich fest und deutlich ist. Was Du in den vergangenen xx Jahren (bitte Dein Alter hier einsetzen) Stück für Stück und völlig unbewusst gelernt hast, musst Du in gewisser Weise für die Anderswelt im Schnelldurchlauf nachholen. Deshalb solltest Du Dich nicht darüber wundern, dass Du nicht von Anfang an „mitten drin" bist und mit der gleichen Klarheit wahrnimmst, die Du in der alltäglichen Wirklichkeit nun schon so lange trainiert hast. – Im Gegenteil: Wer sehr an seinen alltäglichen „Sehgewohnheiten" hängt, hat vielleicht sogar noch größere Schwierigkeiten, weil es dann nicht bei Null, sondern einem Minus-Wert losgeht.

Du solltest die Aufforderung sehr ernst nehmen, jedes Mal und immer Deine Anderswelt-Reisen aufzuschreiben und sie zu berichten, wenn Du mit anderen zusammen reist! Ich weiß aus meinen Workshops, dass vielen diese Mühe schnell zu lästig wird und sie es dann einfach lassen. Auch die Schamanen der traditionell lebenden Völker berichten ihre Erlebnisse immer, auch wenn sie sie mangels entsprechender Kenntnisse nicht aufschreiben. Es ist wichtig! Du wirst die Fähigkeit des Anderswelt-Reisens nie wirklich gut erlernen und die Möglichkeiten der Anderswelt-Reisen auch nicht richtig ausschöpfen können, wenn Du diesem Rat nicht folgst!

# KAPITEL 6

## Von der Natur der Anderswelt

Du hast nun schon so viel von der Anderswelt gehört. Du hast erfahren, dass sie gleichzeitig und gleichräumig mit der alltäglichen Wirklichkeit existiert, dass sie Dich also immer und überall umgibt, und dass es lediglich erforderlich ist, Deine Wahrnehmung für die alltägliche Wirklichkeit „abzuschalten" und die Anderswelt-Wahrnehmung „einzuschalten", um in die Anderswelt einzutauchen.

Doch wie ist die Anderswelt eigentlich beschaffen? Du hast gewiss schon von Krafttieren gehört, von Beratern, von Helfertieren und Heilertieren, vom Weltbaum und anderen Wesen und Orten der Anderswelt. Doch was ist das?

Die Antwort ist sehr einfach und auch enttäuschend: Wir wissen es nicht. Niemand weiß es, weder die Schamanen anderer Völker, noch die Schamanen unserer Vorfahren. Tatsächlich ist diese Antwort aber gar nicht enttäuschend, und Du wirst noch herausfinden, dass es Dir wie vielen anderen vor Dir und mit Dir gelingen wird, die Anderswelt zu erforschen. Das Problem ist hausgemacht, das heißt, es existiert nur in unserer Zivilisation, denn es hängt an dem Wort „wissen": Wissen heißt für uns, etwas naturwissenschaftlich zu erforschen und es nach den Regeln der Naturwissenschaften beschreibbar zu machen. In diesem Sinn können wir nichts über die Anderswelt „wissen", denn sie stellt ein Territorium dar, das sich außerhalb des Zugriffs der Naturwissenschaften befindet.

Dennoch haben wir in den vorangegangenen Kapiteln gesehen, dass die Anderswelt auf die gleiche Art „real" ist wie die alltägliche Wirklichkeit. Um mit ihr umgehen zu können, müssen wir nur die Klippe des Kategorialirrtums (siehe Kapitel 2) umschiffen und uns an die Fachsprachen der Anderswelt halten.

Da jede Art der Beobachtung und Beschreibung immer aus der Ansammlung von Erfahrungen besteht, und da diese Erfahrungen erst aus Deinen Anderswelt-Reisen entstehen müssen, wird Dir das eine oder andere in diesem Kapitel vielleicht erst einmal unverständlich bleiben. Lies es trotzdem! Umso schneller und leichter wirst Du Dich in der Anderswelt wohlfühlen und Dich einem wirklichen Verständnis nähern.

## Die Synchronizität

Der Begriff der Synchronizität wurde von C. G. Jung in die Debatte eingeführt. Jung hat damit versucht, den Unterschied zwischen der wissenschaftlichen und der „magischen" Sichtweise der Welt zu definieren.

Die wissenschaftliche Betrachtung der Welt beruht auf Kausalität, auf dem Prinzip von Ursache und Wirkung: Jedes Ereignis (Wirkung) hat eine Ursache, und jede Ursache erzeugt ein Ereignis. Dabei befinden sich Ursache und Wirkung in einem kausalen Abhängigkeitsverhältnis zueinander, das sich durch wissenschaftliche Modelle beschreiben lässt.

Die magische Betrachtungsweise der Welt beruht auf Synchronizität, dem Prinzip des Bedeutungszusammenhangs. Im magischen Teil der Welt gibt es keine Kausalität (wenn ich gehe, dann gelange ich von A nach B, wenn ich den Ball trete, dann rollt er weg – und so weiter). Es gibt nur den Bedeutungszusammenhang: Ich mache ein Heilungsritual und der Kranke wird gesund. Wohlgemerkt: Der Kranke wird nicht gesund, **weil** ich ein Heilungsritual mache! Es gibt einen Kranken, es gibt ein Heilungsritual und es gibt eine Genesung. Nichts davon ist eine Ursache, nichts eine Wirkung. Vielmehr treten diese drei Elemente in einen Bedeutungszusammenhang.

Schwer zu verstehen? Im rationalen Sinne ist das sogar unmöglich zu verstehen!

Das rationale Denken ist das Denken in Ursache und Wirkungen und unsere Sprache ist ebenso wie unser Denken rational geprägt. Um nicht in einen Kategorialirrtum zu verfallen, müssen wir deshalb das rationale Denken aus- und das magische Verstehen einschalten.

Wenn wir versuchen würden, diese Krankheit-Heilung-Genesung Geschichte kausal zu betrachten, dann würden wir eine völlige Gleichgewichtigkeit der Elemente feststellen müssen: Vielleicht war die Genesung die Ursache dafür, dass (vor ihrem Eintreten) ein Heilungsritual durchgeführt wurde. Vielleicht war die Durchführung des Heilungsrituals die Ursache dafür, dass vor ihr eine Erkrankung eintrat. Vielleicht aber waren auch die Krankheit, das Heilungsritual und die Genesung nur die gemeinsame Ursache dafür, dass Erkrankter und Schamane aufeinander getroffen sind. Vielleicht war auch der Schamane die Ursache dafür, dass Erkrankung, Ritual und Genesung stattfanden.....

Du siehst, wir können diese drei Elemente auf *diese* Weise nicht auflösen und müssen deshalb das Wort „Ursache" aus unserer Erklärung streichen. In der magischen Welt sind die Konzepte von Raum und Zeit, so wie sie in der alltäglichen Wirklichkeit gelten, absolut bedeutungslos. Und da wir deshalb kein vorher-nachher und keine räumliche Anordnung definieren können, bleibt das Modell der Kausalität wirkungslos.

Was haben wir stattdessen? Es gibt keine Ereignisse (das Wort Ereignis trägt die Vorstellung seiner Ursache bereits in sich), sondern nur etwas, das wir vielleicht „Erscheinungen" nennen können. Dann besteht die Welt nicht aus Ereignissen und Dingen (in diesem materiellen Verständnis sind auch sogenannte Lebewesen nur Dinge, rational betrachtet gibt es angeblich keinen Unterschied, außer in der Komplexität der Systeme). Vielmehr besteht die Welt aus Erscheinungen und Wesen. Und diese Erscheinungen und Wesen treten in Bedeutungsbeziehungen zueinander ein. Sie haben füreinander bestimmte Bedeutungen, bestimmte Wichtigkeiten, Nähen und Entfernungen – und daraus entsteht das Muster der Welt.

Das ist Synchronizität, das ist die Grundlage des „magischen" Modells der Weltbetrachtung! Verbanne aus Deiner Sprache das Wort „weil" und verbanne aus ihr zeitliche und räumliche Verbindungen. Ersetze sie durch die Bedeutung, die alle Wesen und Erscheinungen der Welt füreinander haben, den Sinnzusammenhang, in dem sie leben, dann näherst Du Dich allmählich der „magischen" Sprache.

Hast Du das verstanden? Ich nicht! Das kann aber auch nicht anders sein, denn verstehen heißt, rational begreifen. Wenn Du Deine Anderswelt-Reisen mit offenen Augen und ohne Vorurteile angehst, wirst Du im Laufe der Zeit eben nicht „rational begreifen", sondern (wie kann ich das nur nennen?) erfahren und einsehen, wie die Muster dieses Teils der Welt ineinander greifen und wie Du mit ihnen umgehen kannst.

Raum und Zeit sind in der Anderswelt bedeutungslos.

Daraus kannst Du aber in jedem Fall schon einmal etwas Praktisches lernen: In der Anderswelt sind die Vorstellungen von Raum und Zeit bedeutungslos! Es kann sein, dass Du ohne Anstrengung, Zeitverlust und Bewegung, also ohne Überwindung von Raum und Abnutzung von Zeit, von A nach B gelangst. Es kann aber auch sein, dass Du von A nach B wandern, gehen, rennen, fliegen, schwimmen oder Dich sonst wie fortbewegen musst. Das unterliegt nicht Deinem Belieben! Der Wunsch ist nicht der Vater des Geschehens, wie auf einer Fantasiereise. Wann das eine geschieht und wann das andere, dafür gibt es kein „weil" und kein „warum", sondern nur einen Bedeutungszusammenhang, in dem Du Dich befindest.

Entsprechendes gilt auch für die Zeit: Mal vergeht sie sehr schnell, mal scheinbar unendlich langsam, mal kannst Du innerhalb weniger Alltags-Minuten tagelang in der Anderswelt bleiben, mal laufen die Erscheinungen um Dich herum so rasend schnell ab, dass Deine Wahrnehmung nicht mitkommt. Mal kommt Dir die Zeit wie Vergangenheit, mal wie Gegenwart, mal wie Zukunft vor.... Die Zeit transportiert Dich nicht unerbittlich von der Vergangenheit in die Zukunft. Sie bildet einen Bedeutungszusammenhang mit Dir, in dem sich Euer gegenseitiges, ständiges wandelbares Verhältnis abbildet.

Vielleicht kann man es so sagen: Das Modell von der alltäglichen Wirklichkeit bildet alle jene Eigenschaften der Ereignisse und Dinge in der Welt ab, die kausal voneinander abhängen. Das Modell der Anderswelt (des „magischen" Teils der Welt, der noch mehr umfasst als nur die Anderswelt) bildet den Bedeutungszusammenhang zwischen Dir und allen Erscheinungen und Wesen der Welt ab. Wenn Du also wissen willst (vereinfachen wir doch einfach mal!), wie die Welt beschaffen ist (keine philosophische Diskussion bitte!), dann schaust Du sie Dir kausal an. Wenn Du erfahren und einsehen willst, was die Welt für Dich (und Du für die Welt) bedeutest, dann schaue sie Dir magisch an – also reise zum Beispiel in die Anderswelt!

Vielleicht fragst Du Dich, warum diese Betrachtungen überhaupt sein müssen, oder vielleicht denkst Du, ich will nur meine Belesenheit oder Gelehrsamkeit demonstrieren. Das weise ich natürlich entschieden zurück! Bedenke, dass die heute noch existierenden Völker mit lebendiger schamanischer Tradition eine völlig andere, nämlich „magische" Art haben, die Welt zu betrachten, als wir mit unserem rational bestimmten wissenschaftlichen Weltbild.

Du kannst nun einmal nicht einfach hingehen und ein Stück aus dem Wissen und der Weisheit dieser Menschen herauslösen, um es mitten in Dein völlig anderes Weltbild hineinzupflanzen! Du kannst mit der Anderswelt, ihren Erscheinungen und ihren Wesen nun einmal nicht adäquat umgehen, wenn Du (unbewusst) von Kausalität und anderen rationalen Konzepten ausgehst. Wenn Du nicht lernst, diesen magischen Teil der Welt magisch wahrzunehmen und magisch mit ihm umzugehen, wirst Du immer nur mehr oder weniger staunend, aber ziemlich hilflos davor stehen bleiben, statt in die Bedeutung, den Sinn, einzutauchen und so sinn- und bedeutungsvoll mit den Erscheinungen und Wesen (zu denen auch Du gehörst) umzugehen.

Du bist ein Wesen der alltäglichen Wirklichkeit, Du wirst von der Welt um Dich herum kausal bestimmt, und Du wirkst in Deinen Handlungen auch kausal auf die Welt ein. Zugleich bist Du jedoch auch ein Wesen der Anderswelt, ein „magisches" Wesen und stehst so in einem Geflecht von Beziehungen auf der Ebene der Bedeutungen und des Sinns. – Das nicht nur zu begreifen, sondern auch sinnlich (z.B. in Anderswelt-Reisen) zu erfahren, gehört nach meinem Empfinden für uns ach so zivilisierte Europäer schon mit zu den wichtigsten Erfahrungen, die wir aus der Anderswelt mitbringen können.

Dazu sollten wir unsere zivilisierte, rationale Haut nicht abstreifen und wegwerfen, denn sie ist überaus nützlich! Allerdings müssen wir einsehen, dass die Welt nun einmal mehr enthält, als unsere Schulweisheit uns träumen lässt, und dass dieses Mehr nur auf seine ihm eigene Weise betrachtet werden kann. Das erweitert den Horizont tatsächlich, während die Aufgabe des Einen und sein Ersatz durch das Andere nur unseren Blickwinkel verschiebt!

Nach diesen Vorbemerkungen möchte ich noch einmal auf die zu Anfang dieses Kapitels gestellte Frage zurückkommen:

Doch wie ist die Anderswelt eigentlich beschaffen? Du hast gewiss schon von Krafttieren gehört, von Beratern, von Helfertieren und Heilertieren, vom Weltbaum und anderen Wesen und Orten der Anderswelt. Doch was ist das?

Wir wissen es immer noch nicht, aber jetzt kann ich Dir wenigstens einen Teil der Antwort geben!

## Krafttiere, Berater und andere

Der Wolf als Krafttier ist gewiss nicht der Wolf der alltäglichen Wirklichkeit, kein Wesen, das in Brehms Tierleben beschrieben wird. Wir kleiden dieses Wesen in das Bild des Wolfs ein, das wir irgendwo mit uns herumtragen. Nur wissen wir jetzt, dass die Frage „Was ist das?" in der Anderswelt völlig unverständlich und unlösbar sein und bleiben muss, weil „Was ist das?" in das rationale, kausale Bild der alltäglichen Wirklichkeit gehört. In der Anderswelt stellt sich die Frage eben ganz anders:

„Was bedeuten das Krafttier und ich füreinander und für die Anderswelt?" Diese Frage lässt sich beantworten, zum Teil durch die Erfahrungen, die andere bereits gemacht haben, zum Teil durch die Erfahrungen, die Du selbst in der Anderswelt machen wirst.

Ein Teil der Frage lässt sich trotzdem auflösen: Das Bild, mit dem Du dieses Wesen einkleidest, stammt aus Deinem Kopf. Es wird durch Deine Assoziationen und Vorstellungen von „Wolf" bestimmt. Es darf also vermutet werden, dass dieses Wesen etwas an sich hat, Wesenseigenschaften hat, die Du mit „Wolf" in Verbindung bringst. Daraus folgt übrigens, dass es ganz sicher keine Charakterähnlichkeiten zwischen Dir und Deinem Krafttier gibt oder geben muss – so nach dem Motto „Wie der Herr, so der Hund!". Deshalb muss jemand, der ein Mäusetier als Krafttier hat, nicht wirklich ängstlich sein, und ein Löwe als Krafttier verspricht Dir auch nicht Mut und Kraft! Nach den Beobachtungen, die ich im Laufe der Jahre gesammelt habe, gibt es eine ganz andere Art von Beziehung, die tatsächlich eher auf der Bedeutungs-Ebene liegt:

Jedes Tier hat eine ganz bestimmte Art, sich in der Welt zu behaupten, eine nur ihm eigene Überlebensstrategie. Und alle Tiere sind mit ihrer ureigenen Überlebensstrategie erfolgreich, denn sonst wären sie schon längst ausgestorben. Manche dieser Strategien kommen uns einleuchtend vor, andere wiederum verstehen wir überhaupt nicht. Wenn ich nun das symbiotische Verhältnis zwischen Mensch und Krafttier (zum Beispiel bei meinen zahlreichen Workshop-Teilnehmern) betrachte, dann habe ich das Gefühl, es geht um das gegenseitige Verstehen: Was habe ich von einem Löwen als Krafttier, wenn ich sein Verhalten, seine Überlebensstrategie weder nachvollziehen noch verstehen kann?

Im Grunde genommen kann ich nur raten: Lass Dich nicht von Deinen Wünschen und Vorstellungen irreleiten! Maus und Löwe sind beide wunderbare Krafttiere, sie sind gleich wichtig und wertvoll für Dich (und Du für sie). Wer unbedingt einen imposanten Löwen als Krafttier will, will vielleicht nur angeben, vielleicht nur seine eigenen Unsicherheiten kaschieren! Lass es einfach auf Dich zukommen, freunde Dich mit Deinem Krafttier an – und Du wirst schon herausfinden, warum ihr beiden so gut zueinander passt. Wenn es Dir gelingt, das wirklich herauszufinden, dann hast Du die erste und zugleich wichtigste Lektion schon gelernt, die Dein Krafttier Dir zu bieten hat.

Ähnlich wie mit dem Krafttier verhält es sich natürlich auch mit den anderen Erscheinungen und Wesen der Anderswelt: Was sich „wirklich" hinter den Bildern verbirgt, die Du benutzt, wirst Du niemals herausfinden, aber welche Beziehungen ihr alle miteinander habt, welche Bedeutung und welchen Sinn das alles macht – das kannst Du sehr wohl herausfinden.

Jedes Ding, jedes Ereignis befindet sich in der alltäglichen Wirklichkeit. Als Wesen und Erscheinung befindet es sich auch in der Anderswelt. Ein Stein ist ein Ding (in der Alltagswelt). In der Anderswelt ist er ein Wesen und damit beseelt. Ein Mensch ist beseelt – in der Anderswelt. Hier findest Du seinen Sinn, seine Bedeutung. In der

Alltagswelt, unter den Mikroskopen der Biologen und in den Zentrifugen der Chemiker ist er ein Ding. Hier findest Du ihn als Partikelwirbel in einem Strom von Kausalität. Beide Teile gehören zusammen, untrennbar zusammen. Genau so werden auch die Krafttiere und die Berater, der Weltbaum und der Brunnen der Erinnerung ihre Entsprechungen in der Alltagswelt haben, auch wenn wir sie dort nicht identifizieren können. Beide Aspekte wirken zusammen, beide bestimmen unser Leben, und in beiden handeln wir, in beiden sind wir der Welt ausgesetzt, und in beiden können wir unser Leben in jeweils anderen Aspekten innerhalb der von der Welt gesetzten Grenzen bestimmen.

Deshalb ist der Umgang mit der Anderswelt auch nicht nur eine Kuriosität, eine Befriedigung von Neugier, sondern ein wesentlicher Bestandteil unserer Lebensstrategie: Wer mehr von der Welt kennt, wer sie deutlicher oder umfangreicher wahrnimmt, kann sich auch besser, effektiver und sinnvoller in ihr bewegen.

# TEIL II

## So wird es gemacht

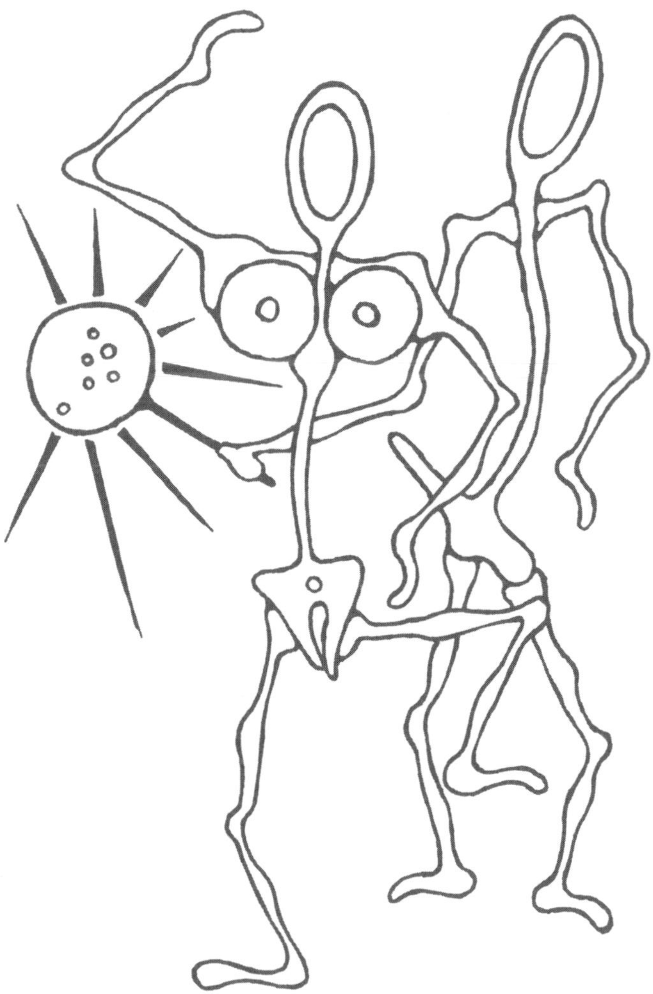

# KAPITEL 7

## Die Vorbereitung der Reise – Das Ritual

In diesem und den folgenden Kapiteln werde ich Dir nun beschreiben, wie Du die Anderswelt-Reise, die schamanische Reise, durchführen kannst. Ich habe die Erfahrung gemacht, dass es den meisten Menschen leichter fällt, die Anderswelt-Reise zusammen mit anderen zu erlernen. Das liegt einerseits an der entstehenden Gruppendynamik, an der Bündelung der Kräfte aller Anwesenden, andererseits aber natürlich auch daran, dass es in einem Workshop jemanden gibt, der Deinen Fehler erkennen und benennen kann, und der möglicherweise noch ein paar speziell auf Dich zugeschnittene Tipps hat.

Die persönliche Rücksprache lässt sich durch ein Buch nicht ersetzen, aber ich werde mich bemühen, in den folgenden Kapiteln alle Hinweise unterzubringen. Deshalb mag es das eine oder andere geben, von dem Du Dich nicht angesprochen fühlst. Ich werde jeweils anmerken, welche Dinge unverzichtbar sind und wo Du Dir aus verschiedenen Alternativen das für Dich Passende heraussuchen kannst.

Denke nur bitte immer daran, dass es keine Beliebigkeit gibt. Wenn Du etwas tust, dann richte Dich genau nach den Anweisungen! Wenn Du etwas weglässt, dann vergewissere Dich, dass es für die Reise wirklich nicht nötig ist. – Die Sache ist einfach genug. Wichtig ist im Grunde genommen nur, dass Du Dir eine bestimmte Verfahrensweise aneignest und dann immer dabei bleibst. Mitten im Rennen die Pferde zu wechseln, hat noch nie jemandem geholfen.

Der erste Teil der Arbeit besteht in der Vorbereitung der Reise. Ein erfahrener Reisender kann eigentlich immer und überall in die Anderswelt eintreten. Aber auch „altgediente" Schamanen ziehen es vor, nicht zu improvisieren, wenn es sich irgendwie einrichten lässt. Also solltest Du als Anfänger Dir Zeit lassen und das, was man heute so schön „Setting" nennt, sorgfältig vorbereiten.

## Das Setting

### Ruhe

Wenn Du schon einmal eine Fernsehdokumentation über einen Schamanen gesehen hast, dann weißt Du vielleicht, dass die Anderswelt-Reise überall vonstatten gehen kann, notfalls mitten auf einem Marktplatz zwischen spielenden Kindern und bellenden Hunden. Aber hast Du auch gesehen, wie leicht es dem Schamanen fällt, die gesamte alltägliche Umgebung von sich abzustreifen und mit unglaublicher Konzentration auf einen einzigen Punkt seine Vorbereitungen zu treffen?

Das wird Dir zumindest am Anfang gewiss nicht gelingen. Deshalb solltest Du auf eine ruhige, störungsfreie Umgebung achten. Sorge dafür, dass weder Telefon noch Türklingel Dich stören können, schalte Radio und Fernseher aus, und wenn Du nicht alleine bist, dann bitte Deine Mitbewohner darum, Dich für einige Zeit nicht zu stören. Achte auf bequeme Kleidung: Keine drückenden Gürtel, keine engen Jeans, zwikkende BHs oder ähnliches! Sport- oder Freizeitkleidung ist genau richtig.

Überhaupt die Kleiderordnung: Adlerfedern, Bärenfelle oder sonstige exotischen Verkleidungen sind völlig überflüssig! Sie dienen Dir in keiner Weise, sondern zeigen bestenfalls, dass Du etwas sehr Wichtiges nicht verstanden hast, über das wir im Zusammenhang mit dem Ritual noch zu reden haben werden.

### Dämmeriges Licht, Nacht

Manche Schamanen sagen, dass schamanische Arbeit Nachtarbeit ist. In der Tat fällt es den meisten Menschen leichter, nach Sonnenuntergang auf die Reise zu gehen. Das mag damit zusammenhängen, dass die Kräfte in der Welt sich stärker und schneller bewegen, solange die Sonne am Himmel steht. Tatsache ist jedoch, dass im Prinzip jede Tageszeit geeignet ist.

Wenn Du es Dir also ohne weiteres so einrichten kannst, so führe Deine ersten Reisen nach Sonnenuntergang durch! Es geht aber auch anders. Lediglich helles Licht solltest Du vermeiden. Manche Reisenden fühlen sich wohler, wenn sie eine Augenbinde oder eine schwarze Brille tragen. Ich empfehle das in meinen Workshops nicht, sondern achte lediglich auf gedämpfte Beleuchtung. Das hat bisher immer genügt.

### Die Umgebung

Die Umgebung, in der Du Dich befindest, spielt eigentlich keine Rolle. Wenn Du jedoch einen bestimmten Platz in Deiner Wohnung oder eine Stelle hast, die für Dich mit spiritueller Arbeit, Meditation oder ähnlichen Tätigkeiten verknüpft ist, oder wenn Du über Deinen eigenen Kraft-Ort verfügst, dann wäre es natürlich angemessen, Deine ersten Reiseversuche an dieser Stelle zu unternehmen. Aber Du bist keineswegs darauf angewiesen!

Wichtig jedoch ist, dass Du für Dich die Reise als Übergang von der Alltagswelt in die Anderswelt verstehst und deshalb Vorkehrungen triffst, die diesen Übergang markieren: Eine besondere Stelle in der Wohnung, ein mit Schnur oder Band abgegrenzter Bereich, ein mit Pflanzenrauch oder Licht gereinigter Ort ist sehr hilfreich, um Dich auf den Übertritt in die Anderswelt vorzubereiten.

Bevor ich Dir beschreibe, welche Möglichkeiten es gibt, sind ein paar grundsätzliche Anmerkungen zum Thema Ritual erforderlich, damit Du wirklich verstehst, worum es eigentlich geht, denn gerade zu diesem Thema sind unglaublich viele Fehlinformationen im Umlauf.

# Das Ritual

## Das Zusammenführen von Körper, Geist und Seele

Zunächst einmal dient ein Ritual dazu, Dich wirklich zu aktivieren und alle Deine Kräfte in die Handlung einzubeziehen. Mein schamanischer Lehrer sagte mir, als wir über Rituale sprachen: „Du sollst nicht nur denken, sondern auch handeln." Das habe ich natürlich erst einmal völlig missverstanden, so nach dem Motto: „Erst denken, dann handeln!" Das war aber überhaupt nicht gemeint. Hinter diesem Spruch steckt vielmehr der Gedanke, dass der Mensch nun einmal aus Körper, Geist und Seele besteht, und dass jede Handlung nur dann „optimal" sein kann, wenn alle diese drei Bestandteile an ihr beteiligt sind (zum Thema Rituale siehe Achterberg (6) und (26)).

Wer zum Beispiel betet, indem er sich in eine Ecke setzt und in seinem Kopf die Worte formt, hat sicher nicht wirklich gebetet, denn nach unserem Verständnis sollte doch zumindest auch die Seele daran beteiligt sein! Aber nicht nur das: Wenn wir auch unseren Körper an einem Gebet beteiligen, indem wir (als Christen) die Hände falten und uns niederknien, dann verleihen wir dieser Handlung eine wesentlich größere Intensität, weil eben der ganze Mensch an ihr beteiligt ist. – Und wenn das so ist, dann wird auch die Intensität des Geistigen und Seelischen zunehmen (siehe hierzu auch Mails (29))!

Das ist eigentlich ein wesentliches Prinzip, das (unter anderem) in jedem Ritual steckt: Die Worte, die Klänge, die Bewegungen und Tänze, die Gerüche der Räucherungen, das Feuer oder die Kerze, der gereinigte Raum und was auch immer noch zu einem Ritual gehört, all das fügt Körper, Geist und Seele im Hier und Jetzt zusammen!

Diese Einheit ist die Voraussetzung dafür, dass überhaupt etwas geschehen kann und sie ist gerade für uns Europäer nicht immer leicht zu erlangen. Die meisten von uns sind so in den Alltagsdingen gefangen, dass es schon einiger Anstrengung bedarf, um diese Fesseln zumindest für einige Zeit zu lösen. Schon allein deshalb können wir auf ein vorbereitendes Ritual nicht verzichten.

## Das Sammeln der eigenen Kräfte

Natürlich hat jedes Ritual noch andere Funktionen, die darüber hinausgehen. Wir haben im ersten Teil dieses Buches gesehen, dass die Anderswelt uns jederzeit und an jedem Ort ebenso umgibt wie die alltägliche Wirklichkeit, und dass alle Erscheinungen und Wesen der Welt über einen Anderswelt-Anteil verfügen. Jedes Ritual hat auch den Zweck, uns in dieses Gefüge einzubinden, so dass wir nicht nur mit unseren alltäglichen Fähigkeiten, sondern auch mit unseren Anderswelt-Kräften arbeiten können.

Deshalb auch sollten wir nach Möglichkeit mit unseren eigenen Kräften arbeiten, also mit den Kräften des Teils der Welt, aus dem wir kommen, den Kräften des Teils der Welt, in dem wir uns befinden und mit den Kräften, die durch unsere Ahnen auf uns überkommen sind.

Alle ernstzunehmenden Schamanen, die ich im Laufe der Jahre kennen gelernt habe, weisen immer wieder darauf hin, dass wir Europäer uns auf unsere eigenen Traditionen besinnen und unsere eigenen Kräfte nutzen sollen! Das hat zwei Aspekte: Auf der einen Seite ist es ein unglaublicher Kultur-Imperialismus, anderen Völkern, die wir meist in der Vergangenheit schon unterdrückt haben (so z.B. die nordamerikanischen Indianer), nun auch noch ihrer kulturellen oder religiösen Identität zu berauben, indem wir uns ungeniert aus ihren spirituellen und religiösen Traditionen bedienen! (Siehe dazu auch die Ausführungen in meinem Buch „Schamanische Ritualmusik und die Kraft der Klänge".)

Auf der anderen Seite wirst Du immer wieder feststellen, dass die Kräfte von Pflanzen, Tieren, Steinen oder anderen rituell eingebundenen Wesen dort am besten wirken, wo sie zu Hause sind. Dies gilt erst recht für unsere Ahnen und vor allem für Götterwesen!

An einem schlichten Beispiel möchte ich Dir das demonstrieren: Viele Menschen, die gerne Rituale durchführen wollen, räuchern dazu eine Pflanze, nämlich getrockneten Salbei, weil sie glauben, Salbei wäre nach der nordamerikanischen indianischen Tradition sozusagen das Mittel der Wahl. Erstens kannten viele indianische Völker das Räuchern mit dieser Pflanze überhaupt nicht, weil sie in ihrem Lebensraum gar nicht wuchs. Zweitens zieht ein mehr als dreißig Jahre alter Übersetzungsfehler bis heute seine Spur durch die pseudo-esoterische Fachliteratur: Irgendjemand hat „sagebrush" einmal mit Salbei übersetzt – und seitdem räuchern Indianer zumindest in deutschen Büchern immer mit Salbei, obwohl „sagebrush" Beifuß (Artemisia) heißt!

Aber nicht nur das! Selbst, wenn Du Dich für die „richtige" Pflanze entscheidest, wirst Du feststellen, dass Deine Räucherung hier niemals dieselbe Kraft haben kann, wie die eines Indianers in Nordamerika. Das hat sehr viel damit zu tun, dass Salbei keine in Deutschland heimische Pflanze ist (Wiesensalbei wird gewöhnlich nicht benutzt und hat auch keinerlei „magische" Kraft). Auch unsere Vorfahren haben niemals Salbei für Räucherungen oder andere Zwecke benutzt! Warum wohl? Weil wir in unserer heimischen Pflanzenwelt über andere Pflanzenwesen verfügen, die für Räucherungen hierzulande wesentlich besser geeignet sind!

Je nach Anwendungszweck und Zielsetzung kämen zum Beispiel Beifuß und Rainfarn in Frage. Für die Reinigung und rituelle Vorbereitung eines Ortes würde ich zum Beispiel Rainfarn empfehlen und für ein Dank- und Bittritual Beifuß. Doch darüber später mehr!

Ich will hier zunächst einmal nur festhalten, dass es zwar wichtig und unumgänglich ist, aus der spirituellen und religiösen Tradition anderer Völker zu lernen, dass wir uns aber keineswegs ungeniert daraus bedienen können, weil wir uns für eine erfolgreiche Arbeit auf unsere eigenen Kräfte und Traditionen besinnen müssen.

## Das Öffnen der Tür

Jedes Ritual öffnet eine Tür zur Anderswelt. Je nachdem, welchem Zweck es dient, kann dies die Tür zu den Anderswelt-Kräften des Ortes sein, die Tür zu den Ahnen, zu den Wesen des Ortes, zu den Kräften der Zeit, zu den eigenen Kräften. Es kann der Zugang zu dem großen Muster der Welt sein oder – im Falle der Anderswelt-Reise im Wortsinne die Tür zur Anderswelt selbst.

Diese Tür öffnet sich nur, wenn wir innerhalb des Rituals vollständig zum Stillstand kommen, wenn wir unsere ständig vorhandenen Bindungen an Vergangenheit und Zukunft kappen, wenn wir im Hier und Jetzt ankommen, wenn alle Neben-, Vor- und Nachgedanken von uns abfallen. Das Ritual hat durch seine Form und unsere Vornahme die Richtung bestimmt oder die Tür ausgewählt, und wenn wir tatsächlich im Hier und Jetzt ankommen, müssen wir die Tür nur noch durchschreiten.

## Das Hier und Jetzt

Jeder, der sich mit dem Begriff des Hier und Jetzt schon einmal beschäftigt hat, weiß aus eigener Anschauung, dass es im menschlichen Leben kaum etwas Schwierigeres gibt, als willentlich in diesen Zustand einzutreten. – Und doch ist es notwendig, denn nur aus dem Hier und Jetzt heraus können wir in die Anderswelt eintreten oder andere „magische Arbeit" erledigen!

Manchmal entsteht dieser Zustand ganz von selbst. Die Psychologen haben dafür den Begriff der „Hausfrauenmeditation" und der „Handwerkermeditation" geprägt, obwohl das Hier-und-Jetzt-Sein überhaupt nichts mit der Technik der Meditation zu tun hat. Mit diesen Wörtern meinen sie den Zustand, der hin und wieder spontan entsteht, wenn wir über eine längere Zeit eine einfache und gleichförmige handwerkliche Tätigkeit ausüben, wie zum Beispiel bügeln oder drechseln. Daraus entsteht eben manchmal ganz von selbst ein zeitloser Augenblick, in dem wir, das Material, der Ablauf und der Ort eine unauflösliche Einheit bilden, wenn die Arbeit wie von selbst erledigt wird, weil wir nur noch Teil des Prozesses sind. Spätestens dann, wenn wir bemerken, dass wir uns in diesem Zustand befinden, der immer von einem Glücksgefühl begleitet wird, fallen wir unweigerlich wieder in den Alltagszustand zurück.

Genau dies ist der Zustand, der durch ein funktionierendes, richtig ausgeführtes Ritual herbeigeführt wird und aus dem heraus wir unsere magische Arbeit in Angriff nehmen können.

Aus der genaueren Beobachtung dieser Hausfrauen- und Handwerkermeditation können wir wichtige Elemente eines jeden Rituals ableiten:

## Die Dauer

Je mehr wir in uns ruhen, mit uns selbst und der Welt in Frieden leben, je mehr wir in einem gegebenen Augenblick von der alltäglichen Wirklichkeit entfernt sind, desto schneller werden wir im Hier und Jetzt sein. Doch im Allgemeinen brauchen diese Dinge Zeit, viel Zeit. Wer denkt, Zeit sei Geld, und wer jede Minute „nutzbringend" verwenden muss, wird es auf diesem Weg nicht weit bringen. Rituelle Handlungen, Worte, Klänge und auch Gegenstände haben sehr viel Kraft, aber sie brauchen Zeit, um diese Kraft auch in Dir entfalten zu können – ebenso, wie Du Zeit brauchst, um Dich in ihre Kräfte einzubinden.

## Die Gleichförmigkeit

Wenn Du die Rituale anderer Völker einmal genau beobachtest, dann wirst Du feststellen, dass ihre einzelnen Elemente immer sehr einfach sind. Gesprochene Ritual-Texte oder Lieder bestehen im Wesentlichen nur aus einigen wenigen Worten, die immer wieder wiederholt werden. Melodien gibt es nicht, stattdessen nur eine Art Sprechgesang oder bestenfalls eine aus zwei oder drei Tönen bestehende Melodielinie, die ohne Variationen wiederholt wird. Rituelle Tänze bestehen nur aus einem oder zwei einfachen Tanzschritten, die sich unendlich oft wiederholen und getrommelte Tanzrhythmen sind so simpel, dass sie als „Musik" einfach unerträglich wären. Doch die ständige und stetige Wiederholung und die einfache Struktur sind genau die wirksamen Elemente: Wenn Du Dich auf irgendetwas, das geschieht, oder irgendetwas, das Du tust, konzentrieren musst, hältst Du Dich effektiv aus dem Hier und Jetzt heraus, weil Deine Aufmerksamkeit einseitig gerichtet ist.

## Die regelmäßige Wiederholung

Zur Gleichförmigkeit gehört auch, dass ein Ritual immer wieder in der genau gleichen Form wiederholt wird. Jede Abweichung von der einmal festgelegten Form ist eine Ablenkung, die einseitig ausgerichtete Aufmerksamkeit erfordert! Hier gibt es allerdings auch noch einen anderen Aspekt: Jede äußere (alltagsweltliche) Form birgt eine (andersweltliche) Kraft in sich. Die Verbindung zwischen einem richtig und angemessen gestalteten Ritual und seiner andersweltlichen Entsprechung wird umso kräftiger und wirksamer, je öfter ein Ritual wiederholt wird.

Wir Europäer erklären dies gerne mit Sheldrakes' morphogenetischen Feldern (siehe Sheldrake (3) und (4)). Aber eigentlich spielt die Erklärung gar keine Rolle. Wichtig ist, dass jede angemessene und richtige Wiederholung eines Rituals seine Kraft verstärkt. Umgekehrt folgt allerdings auch daraus, dass jeder Fehler in der Durchführung eines Rituals nicht nur seine Kraft in diesem Augenblick, sondern auch seine Kraft in der Zukunft schmälert. Auch das ist ein Grund dafür, dass wir von den Ritualen anderer Völker die Finger lassen sollten: Es ist so leicht, sie zu zerstören! Und es ist in der jüngeren Vergangenheit schon öfter geschehen, dass unwissende Möchtegern-Ritualisten den Zugang zu wichtigen Kräften einfach zerstört haben, wie es zum Beispiel ausführlich in der Biografie der Schamanin Maria Sabrina dargestellt wird.

## Der rituelle Klang

In meinem Buch über schamanische Ritualmusik habe ich den Umgang mit den Klängen und Rhythmen eingehend beschrieben. Hier soll es genügen, Dir an einem Beispiel zu zeigen, wie Du Klänge benutzen kannst, um in den Hier-und-Jetzt-Zustand einzutauchen.

Glücklicherweise reagieren wir Menschen außerordentlich stark auf die Kraft der Klänge. Deshalb stellen sie auch das einfachste und am schnellsten wirkende Mittel zur Erreichung des Hier und Jetzt dar.

Folgende Gesichtspunkte solltest Du dabei beachten: Du hast bereits erfahren, dass die Anderswelt-Reise ein veränderter Bewusstseinszustand ist, in dem das Wachbewusstsein und Dein aktiver Wille erhalten bleiben und Deine Achtsamkeit (oder Aufmerksamkeit) geschärft wird. Deshalb sind alle „sphärischen" Klänge, herkömmliches „Entspannungsgesäusel" und ähnliche geschmacklichen Entgleisungen völlig ungeeignet! Du sollst zwar durch das Eintauchen in den Klang hindurch in das Hier und Jetzt gelangen, keinesfalls aber „abschweben" oder Dich im absichtslosen Sinnieren, im Freilauf der Fantasie verlieren.

Das klingt zwar sehr schwierig, wie ein kaum zu bewältigender Spagat zwischen zwei scheinbar entgegengesetzten Zielen, tatsächlich aber ist es recht einfach: Der Klang einer völlig einförmig und gleichmäßig geschlagenen Rahmentrommel kann dies für Dich tun.

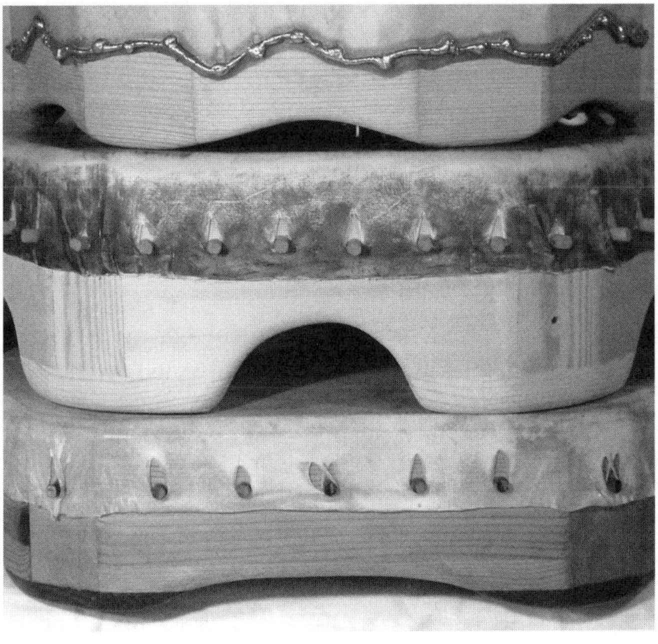

Abbildung 7: Eine Rahmentrommel

Am besten wirkt dieser Klang für Dich, wenn Du die Trommel selbst schlägst. Das kannst Du im Sitzen (auf dem Boden, nicht auf einem Stuhl!) tun, besser aber ist es, wenn Du Dich dazu bewegst – nicht notwendig in einem förmlichen Tanzschritt, aber zumindest, indem Du auf der Stelle im Rhythmus von einem Fuß auf den anderen trittst. Die Schlagzahl (Trommelgeschwindigkeit) ist dabei unerheblich. Wähle ein Tempo, das Dir und Deiner Trommel zusagt.

Wenn Du keine Rahmentrommel besitzt, kannst Du diese Klänge auch von einer CD hören. Das funktioniert etwas weniger gut, weil Du selbst nicht wirklich in den Prozess des Klangs eingebunden bist. Deshalb ist es in diesem Fall umso wichtiger, dass Du Dich zu dem Rhythmus bewegst!

Auf der zu diesem Buch gehörenden CD findest Du als Vorbereitung für die Anderswelt-Reise ein für diesen Zweck geeignetes Trommelstück. Wenn Du für Dich entscheidest, dass die schamanische Arbeit ein Teil Deines Lebens werden sollte, wirst Du um die Anschaffung, besser noch den Selbstbau einer Rahmentrommel ohnedies nicht herumkommen. Als stolzer Besitzer eines solchen Instruments wird es dann eine Selbstverständlichkeit für Dich sein, selbst zu trommeln.

Du wirst dann feststellen, dass die Erreichung des Hier-und-Jetzt-Zustands unterschiedlich lange dauert, je nachdem, wie intensiv Du gerade in Deiner Alltagswelt eingefangen bist. Außerdem wirst Du erfahren, dass dieses Gefühl der Anwesenheit in der Welt umso intensiver wird, je länger Du Dich dem Trommeln hingibst.

Es ist nicht möglich zu sagen, Du musst so und so lange trommeln, bis Du wirklich im Hier und Jetzt bist. Manchmal werden einige wenige Minuten genügen, manchmal wird auch nach einer Stunde noch nicht viel geschehen sein. Dann solltest Du überlegen, ob es nicht besser ist, Dein Vorhaben auf eine andere Gelegenheit zu verschieben!

Die Qualität und Intensität Deiner Anderswelt-Reise hängt ganz entscheidend davon ab, wieweit Du Dich im Hier und Jetzt befindest. Deshalb wird sie auch immer wieder anders ausfallen. Allerdings lässt sich sagen, dass hier auch sehr viel vom „Training" abhängt: Je öfter Du Dich mit Deiner Trommel befasst, und je öfter Du in die Anderswelt reist, desto leichter wird es Dir fallen!

Übrigens solltest Du die Anderswelt-Reise nicht nur als Mittel zum Zweck betrachten: Alleine durch regelmäßiges Trommeln und durch wiederholte Anderswelt-Reisen wirst Du Dich verändern: Du wirst sehen, dass die Ruhe, Gelassenheit, Ausgeglichenheit und geschärfte Achtsamkeit des Hier und Jetzt sich allmählich in Dein gesamtes Leben ausdehnen und damit ganz schlicht Deine Lebensqualität erhöhen!

## Das Dank- und Bittritual

Das Ritual, das sich um Deine Anderswelt-Reise rankt, kann (und sollte) sehr einfach und schlicht sein. Neben dem Trommeln empfehle ich den Teilnehmern an meinen Workshops ein sehr einfaches Dank- und Bittritual, das zum Hier-und-Jetzt-Zustand hinführt.

Es geht dabei darum, sich durch Dank und Bitte den eigenen augenblicklichen Zustand zu vergegenwärtigen. Die meisten Menschen sind so in ihrer Alltagswelt verfangen, dass sie nicht einmal genau wissen, wie es ihnen überhaupt geht. „Wie geht es Dir?" – „Danke, gut!" – Und das war es dann auch schon.

Vergegenwärtige Dir Deinen Zustand, zähle alle Dinge auf, die Du hast und danke dafür. Danke der Welt im Allgemeinen, Deinem Gott, Deinen Göttern, dem Schicksal – es kommt nicht darauf an, wer oder was für Dich die richtige Instanz ist. Wichtig ist der Dank selbst.

Jeder Mensch hat Grund zu danken. Auch wenn es Dir einmal in einigen oder sogar vielen Dingen schlecht geht, so wirst Du mit Sicherheit auch Dinge finden, für die Du dankbar sein solltest – zum Beispiel dafür, dass Du überhaupt lebendig bist, dass Du Dich in einem Zustand befindest, der Dir das Bitten und Danken und die Anderswelt-Reise überhaupt möglich macht. Wenn Du das Danken ernst meinst und wirklich über Deinen Zustand und Deine Stelle in der Welt nachdenkst, wirst Du immer vieles finden, das eben nicht selbstverständlich ist, sondern ein Geschenk von wem auch immer, für das Du dankbar sein solltest.

Versuche es einmal, und Du wirst feststellen, dass dieses Danken Dich zumindest ein Stück in Deine Mitte führt, dass es Dir Dich selbst und Deinen Zustand vor Augen führt und Dich so dem Hier und Jetzt ein wenig näher bringt. Außerdem wird Dich diese Form des Dankens auch gelassener und ruhiger machen – gewiss ein angenehmer Nebeneffekt.

Damit wir uns nicht falsch verstehen: Es ist nicht nötig, eine stundenlange Selbsterforschung zu betreiben (kann aber auch nichts schaden). Für den Zweck dieses Rituals genügt es völlig, wenn Du ein wenig in Dich gehst und Dir die wichtigsten Punkte vor Augen hältst.

Du kannst den Erfolg sehr leicht kontrollieren: Egal, wie es Dir gerade geht, gleich unter welchen Schmerzen, Verlusten, Sorgen oder anderen drückenden Gedanken Du leidest, es gibt darunter immer etwas, für das Du dankbar sein kannst und auch sein solltest. Finde es und danke! Dann wird es Dir sofort und auf der Stelle besser gehen. Du wirst Dich leichter fühlen und wissen, dass der Dank-Teil des Rituals seinen Zweck erfüllt hat.

Das angemessene Danken ist die Voraussetzung für jedes Bitten. Wie könntest Du bitten, wenn Du nicht vorher eine Bestandsaufnahme gemacht hast? Erst wenn Du weißt, was Du hast, kannst Du herausfinden, was Dir wirklich fehlt! Viele Menschen denken heute so oft, sie brauchten dieses oder jenes. Wenn sie es dann haben, stellen

; eigentlich unwichtig ist – und richten ihre Wünsche auf etwas Neues. Sicherheit daran, dass sie nicht wissen, was sie haben und deshalb auch dafür sind.

Das soll jetzt keine Moralpredigt sein, sondern Dich darauf hinweisen, dass zumindest in dieser rituellen Form Dank und Bitte einen sehr hohen Stellenwert haben, und dass beide dementsprechend sorgfältig bedacht sein wollen.

## Die äußere Form

Es entspricht der Tradition, für Dank und Bitte die Form der Räucherung zu benutzen. Die dafür bewährte Pflanze ist in unserer eigenen Vergangenheit, aber auch bei vielen Völkern der nordamerikanischen Indianer der Beifuß. Unsere Ahnen sagten, dass der Rauch des Beifuß unsere Botschaften, unsere Gebete, unseren Dank und auch unsere Bitten in die Welt hinaus und zu den Göttern trägt – und so ist es auch.

Also sammle unter Beachtung des nötigen Respekts diesen Wesen gegenüber einige dieser Pflanzen, trockne sie und verwende sie für die Dank- und Bitträucherung. Sollte es gerade Winter sein, kannst Du Dir auch ein wenig Beifuß in der Apotheke holen (dort wird die getrocknete Pflanze als Tee verkauft), aber betrachte das nur als eine Notlösung! Die Pflanze selbst zu sammeln, sie um diese Selbstopferung zu bitten und sie dann mit Achtsamkeit und Respekt zu trocknen und vorzubereiten ist ein Teil des Rituals und trägt zur Kraft des Rauchs bei!

Du kannst Dir Dein eigenes Dank- und Bittritual erdenken oder der Form folgen, die ich Dir beschreiben werde. Das spielt keine Rolle. Wichtig ist lediglich, dass Du eine für Dich geeignete Form findest und Dich dann immer genau daran hältst.

Ich mache das so: Ich knie mich dort auf den Boden, wo ich die Anderswelt-Reise durchführen will, die mit dem getrockneten Beifuß gefüllte Räucherschale und eine Rassel vor mir. Ich schließe die Augen, vergegenwärtige mir meinen augenblicklichen Zustand, sammle die Dinge in meinem Gedächtnis, für die ich danken will und benenne sie – laut, wenn ich alleine bin, oder stumm, wenn ich für andere mit räuchere. Dann formuliere ich meine Bitte. Meist bitte ich in diesem Zusammenhang um Erfolg für meine Anderswelt-Reise, um Heilung, Kraft, Information oder was auch immer gerade anliegt.

Dann entzünde ich die Kräuter, stehe auf, blase den Rauch in die sechs Himmelsrichtungen: Osten, Süden, Westen, Norden, Unten und Oben. Dabei rekapituliere ich noch einmal kurz meine Dank- und Bitt-Gedanken. Schließlich ergreife ich zum Abschluss die Rassel und rassele in die sechs Richtungen, um mir bei den Wesen, an die ich meine Gedanken richte, auch wirklich Gehör zu verschaffen.

# Die Vorbereitung der Reise

## 1. Bereitung des Ortes

Sorge, wie eingangs beschrieben, für Ruhe und Ungestörtheit, ziehe Dir bequeme Kleidung an (rituelle Nacktheit ist auch möglich, wenn Dir danach ist), und lege Deine Gerätschaften bereit: Trommel, Rassel, Räuchergefäß, Feuer, Kräuter, Stift und Papier, CD-Spieler, CD. (Letztere benötigst Du, wenn Du alleine bist. Wie Du in Kapitel 9 noch lesen wirst, kannst Du nicht für Dich selbst rasseln oder trommeln.)

## 2. Dank und Bitte

Wenn ich eine Anderswelt-Reise durchführen will, beginne ich immer mit dem Dank- und Bittritual. Ich lasse es nie weg. Wenn ich improvisieren muss, dann fasse ich mich kurz und zünde mir notfalls, wenn ich nichts anderes dabei habe, auch eine Zigarette an, um ihren Rauch als „Transportvehikel" zu benutzen. Das ist natürlich nicht besonders gut, aber immer noch weit besser als gar nichts. Lerne daraus, dass ein solches Ritual dazu da ist, immer und überall auch durchgeführt zu werden. Es ist keine exotische Verzierung, sondern wesentlicher Bestandteil der Arbeit!

## 3. Hier und Jetzt werden

Nach dem Dank- und Bittritual nehme ich meine Rahmentrommel und bereite mich auf die eigentlich Reise vor, wie ich es oben beschriebe habe. Wenn es eilt oder die äußeren Umstände es nicht anders zulassen, dann verzichte ich (mehr als ungern!) auf diesen Teil. Meistens funktioniert die Reise für mich trotzdem, weil ich über weit mehr als 20 Jahre regelmäßig eingeübte Erfahrung mit dem Reisen verfüge. Du solltest zumindest in Deiner „Lehrlings-Phase" nicht auf diesen Teil verzichten!

## 4. Die Anderswelt-Reise

Danach lege ich mir meine „Zielvorrichtungen" fest (darüber erfährst Du in den nächsten Kapiteln mehr!) und beginne mit der Reise. Wie Du noch sehen wirst, kannst Du während der eigentlichen Anderswelt-Reise nicht für Dich selbst trommeln oder Rasseln. Wenn Du niemanden hast, der das für Dich tut, dann benötigst Du einen CD-Spieler und die diesem Buch beiliegende CD.

## 5. Die Nachbereitung

Manche beenden ihre Reise mit einem Dank (Räucherung) an die Götter. Ich danke oft nur in verbaler Form, indem ich den Göttern für den Erfolg der Reise danke. Wenn Du geduldig bist und Zeit hast, kannst Du dies aber auch mit einer Räucherung begleiten.

Danach schreibe ich meine Reise-Erlebnisse auf und/oder berichte sie den Anwesenden, wenn ich nicht alleine bin.

Das ist sozusagen die einfache Variante. Wenn es um wichtige Dinge geht, wenn die Anderswelt-Reise Teil eines Heilungsrituals ist, oder wenn sie anlässlich eines Festes (Mondfest, Sonnenfest) stattfindet, dann kommen noch andere Dinge hinzu: Ein Reinigungsritual für den Ort, ein Ritual für die Anrufung der Geister und der Kräfte des Ortes, ein Ritual für die Herbeirufung der Ahnengeister und so weiter. Dies sind allerdings Rituale, die für Dich zunächst einmal überflüssig sind und Deine Bemühungen nur unnötig kompliziert machen würden.

Erlerne die Anderswelt-Reise, so wie ich es hier beschreibe. Alles Weitere wird sich dann für Dich schon zur rechten Zeit finden. Wenn Du aber das Gefühl hast, eine Reinigung des Ortes vor Beginn des Rituals wäre für Dich hilfreich, dann habe ich Dir in diesem Kapitel – so hoffe ich – alle Hinweise gegeben, die Du brauchst, damit Du für Dich selbst einen solchen Ritualteil ausarbeiten kannst.

Manche finden, dass sogar diese auf das einfachste reduzierte Form der Vorbereitung zuviel Aufwand darstellt und fragen nach „Abkürzungen". Wenn Du so denken solltest, dann schließe dieses Buch und lege es weg. Wer alle Welträtsel sofort und ohne eigene Arbeit auf einem silbernen Tablett serviert bekommen möchte, sollte seine Zeit nutzbringender verwenden und stattdessen vielleicht ins Kino gehen!

# KAPITEL 8

# Die Reiseziele

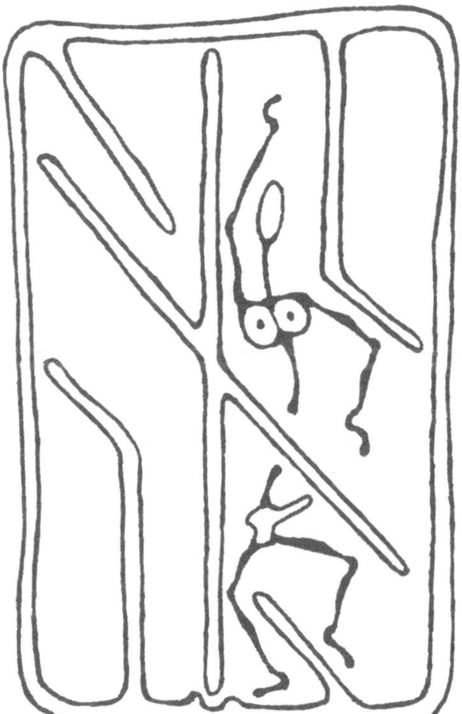

In diesem Kapitel berichte ich Dir zunächst über die Reisegründe und dann über einige Reiseziele – also „Orte" in der Anderswelt, die Du auf Deiner Reise aufsuchen kannst.

Grundsätzlich funktioniert eine Anderswelt-Reise umso besser, je deutlicher und klarer Deine Vornahmen sind. Wenn Du „nur so" auf die Reise gehst, ohne konkreten Grund und ohne eigentliches Ziel, wird oft nicht viel passieren. Je stärker und drängender der Anlass, desto besser wird die Reise gelingen.

Wenn Dich allerdings Persönliches bedrückt, kann es durchaus geschehen, dass Du zu sehr in Deinen Problemen oder Sorgen verstrickt bist und dass Du deshalb nicht richtig reisen kannst. In diesem Fall brauchst Du eine ausgedehntere Vorbereitung in Form des Hier-und-Jetzt-Trommelns.

## Die Reisegründe

Als Anfänger wird es Dir nicht gelingen, Reisegründe wie Heilung, Kraft oder Information gleich in die Tat umzusetzen, denn zunächst einmal musst Du Dich mit der Anderswelt und der Reise selbst vertraut machen, bevor Du erfolgreich mit den Wesen und Kräften der Anderswelt arbeiten kannst.

Glücklicherweise sind Neugier – ganz am Anfang – und der Wunsch, die Anderswelt zu erforschen, auch gute Reisegründe. Wichtig ist eigentlich nur, dass Du Dir klar vor Augen hältst, was Du willst oder was Du Dir von der Reise erhoffst. Im dritten Teil des Buches werden wir uns noch ausgiebig mit Reisegründen beschäftigen. Anfangs sollte es genügen, wenn Du Dir für Deine ersten Reiseversuche vornimmst, die Anderswelt überhaupt zu betreten und sie ein wenig kennen zu lernen.

Schaue Dir die im Folgenden beschriebenen Reiseziele an und nimm Dir vor, eines davon auf Deiner Reise zu besuchen. Ich empfehle Anfängern immer, den Weltbaum zu besuchen. Er ist besonders leicht zu erreichen, und Du kannst dort viele Wesen treffen.

Treffe Deine Entscheidung vor Beginn des Vorbereitungsrituals und sage Dir Dein Reiseziel vor, wenn der Reiseklang beginnt. Es kann auch nicht schaden, es auf einen Zettel zu schreiben oder – besser noch – es aufzuzeichnen und diesen Zettel vor Dich hinzulegen. Je konkreter Du Dir Dein Ziel vornimmst, desto besser und müheloser wird Deine Reise gelingen. Wenn Du Deine Vornahme benannt hast, dann lasse sie los! Die Dinge setzen sich nun von allein in Bewegung, und es ist nicht mehr nötig, dass Du Dich immer wieder daran erinnerst. Im Gegenteil: Ein zu krampfhaftes Festhalten daran kann sogar dazu führen, dass Du nicht in den Reisezustand eintrittst.

## Reiseziele

Du hast bereits erfahren, dass Raum und Zeit als feste Größen in der Anderswelt nicht existieren. Deshalb gibt es auch keine „Geografie", die sich in Form einer Landkarte aufzeichnen ließe, nicht einmal „Orte" im Sinne der alltäglichen Wirklichkeit.

Trotzdem existieren in der Anderswelt Reiseziele, die Du immer wieder aufsuchen kannst und die auch allen anderen Reisenden offen stehen. Du wirst noch die Erfahrung machen, dass Du in der Anderswelt nicht überall hin reisen kannst. Manche Ziele werden Dir verschlossen sein, andere wiederum werden vielleicht nur Dir und einigen anderen offen stehen. Halte Dich zunächst einmal an die Ziele, die für jeden Reisenden verfügbar sind. Es sind auch die wichtigsten für Deine zukünftige Arbeit.

### Der Weltbaum

Unsere Vorfahren kannten den Weltbaum (manchmal auch Lebensbaum genannt) als Mittelpunkt und Achse der Welt. Die Germanen nannten ihn Yggdrasil. Wo auch immer Du ihn findest, und wie auch immer er gerade für Dich aussieht, wenn Du ihn wahrnimmst, weißt Du in Deinem Inneren ganz genau, dass dies der Weltbaum ist.

Du kannst zu dem unterweltlichen Teil dieses Baumes reisen, zu seinen Wurzeln und den Höhlen und Gängen, die sich zwischen seinen Wurzeln befinden. Du kannst auch zu seinem mittelweltlichen Teil reisen, zu seinem Stamm und zu der Landschaft, die sich um ihn herum erstreckt, oder in seine Äste, die sich bis in die Unendlichkeit des Universums ausdehnen können.

Als Mittelpunkt und Achse der Welt erstreckt sich der Weltbaum naturgemäß durch den unteren, mittleren und oberen Teil der Anderswelt. Unterirdisch lebende Wesen wirst Du zwischen seinen Wurzeln treffen können, Wesen der mittleren Welt in der Landschaft um ihn herum und Vögel und andere Wesen in seinen Ästen und dem Luftraum um die Äste herum.

Der Weltbaum hat drei Wurzeln, einen dreiteiligen Stamm und drei Hauptäste, die sich immer weiter verzweigen.

Da es am und im Weltbaum sehr viele verschiedene Wesen gibt, lohnt es sich immer, Deine Reise mit dem Weltbaum zu beginnen, wenn Du nicht genau weißt, wohin Du Dich mit Deinen Fragen oder Problemen wenden kannst. Du wirst an dieser Stelle sicher jemanden treffen, der Dir weiter helfen kann. Auch wenn Du auf der Suche nach Deinem Kraft-Tier oder Deinem Berater bist, kannst Du Deine Suche am Weltbaum beginnen.

Es gibt um den Weltbaum herum viele Besonderheiten. Es lohnt sich durchaus, wenn Du Dich mit der germanischen und keltischen Mythologie beschäftigst. In diesen Geschichten findest Du viele Informationen zum Weltbaum, der unseren Vorfahren natürlich gut bekannt war. Einige der in diesen Geschichten beschriebenen Orte will ich aber hier bereits nennen.

### Der Brunnen der Erinnerung

An oder unter einer Wurzel des Weltbaums befindet sich der Brunnen der Erinnerung. In der germanischen Mythologie findest Du ihn unter dem Namen Mimirs Brunnen. Er wird Dir immer in Form eines Brunnens begegnen, also ummauert oder mit einer Stein-Einfassung, vielleicht auch mit einer Ziehvorrichtung. Gewöhnlich ist der Brunnen so groß, dass Du in ihn eintauchen könntest.

Wenn Dich Fragen nach der Vergangenheit bewegen, nach Deiner eigenen oder auch ganz allgemein, dann bist Du bei diesem Brunnen richtig. Hier kannst Du alles Wissen der Vergangenheit oder über die Vergangenheit erfahren. Wohlgemerkt: Fragen des Wissens können hier beantwortet werden, nicht aber Fragen der Weisheit oder Einsicht.

### Die Quelle der Nornen

Unter einer anderen Wurzel des Weltbaums befindet sich die Quelle der Nornen. Sie erscheint Dir gewöhnlich als moosumsäumte Quelle mit klarem, kaltem Wasser. Manchmal entspringt sie zwischen zwei Findlingen, manchmal findest Du sie in einer Waldlichtung, hin und wieder auch an anderer Stelle.

Die Nornen – Urd (was war), Verdandi (was ist) und Skuld (was sein wird) – sind zuständig für das Schicksal. Sie spinnen den Lebensfaden, weben ihn in das große Muster ein und schneiden ihn am Lebensende ab. Wenn Du keine Warum-Fragen hast, sondern wenn es Dir um die Einsicht in das Gefüge der Welt geht, um den Sinn Deiner Existenz, Deines Schicksals oder der Welt, dann kannst Du an diesem Ort Antworten finden.

Frage die Quelle selbst, oder auch andere Wesen, die sich vielleicht in ihrer Nähe befinden. Versuche jedoch nicht, die Nornen herbeizurufen! Sie zeigen sich Dir oder auch nicht, ganz nach ihrem eigenen Plan.

### Der Fluss Hvergelmir

Unter der dritten Wurzel des Weltbaums fließt der Fluss Hvergelmir. Es ist der Fluss der Lust und der Fruchtbarkeit. (Frauen, die in ihn eintauchen, können ihre Fruchtbarkeit fördern.) Hvergelmir hat ein fruchtbares Ufer mit Pflanzen, Tieren und anderen Wesen und ein unfruchtbares, totes Ufer. Wer diesen Fluss befahren will und kann, wird Weisheit über sich selbst erfahren. Nur wer sich selbst kennt und bereit ist, sich selbst anzuschauen, dem wird die Fahrt gelingen.

Wenn Du es Dir nicht zutraust, den Fluss mit einem Boot oder einem Floß zu befahren, dann solltest Du Dich an seinem Ufer aufhalten. Halte in der Nähe des Wassers nach Wesen Ausschau, denen Du Deine Fragen stellen kannst! Beachte wiederum, dass hier keine Fragen nach Wissen und Einsicht beantwortet werden, sondern nur Fragen nach Weisheit!

### Der Stein der Kraft

In der Anderswelt gibt es einen Stein, der für Dich Kräfte jeder Art sammeln, lenken, bündeln, abgeben oder aufnehmen kann. Je nach der Aufgabe, die Du zu bewältigen hast und damit der Kraft, mit der Du umgehen musst, wird sich Dir dieser Stein in einer anderen Form zeigen: Als Findling, als Monolith, als Kristall, als Felsbrocken oder in einer noch anderen Form. Dennoch wirst Du wissen, dass es genau dieser Stein ist, wenn Du vor ihm stehst.

Beachte bitte, dass auch Steine Lebewesen sind. Du kannst mit ihnen kommunizieren und solltest sie mit dem gleichen Respekt behandeln, den Du allen anderen Wesen entgegenbringst. Steine sprechen selten mit Worten. Sie lassen Dich auf andere Weise ihre Antworten wissen. Also sei achtsam, damit Du die Antworten, die Dir geschenkt werden, auch verstehst! Das Problem der Verständigung mit den Stein-Wesen besteht für die meisten Menschen darin, dass Steine außerordentlich langsam leben, sehr viel langsamer als wir. Du brauchst also sehr viel Geduld und Zeit, um zu verstehen, was der Stein Dir sagen will!

## Die Höhle der Heilertiere

Irgendwo an einem Berghang der Anderswelt befindet sich die Höhle der Heilertiere. Die Indianer wissen, dass es vier von ihnen gibt, den Adler, den Bären, den Büffel und die Schlange. Die Kelten berichten von drei Wesen, von denen zwei allerdings gewöhnlich nicht als Tiere erscheinen, sondern in der Gestalt eines Kessels und eines Speers. Das dritte dieser Wesen hat entweder die Gestalt eines Pferdes oder eines Wildschweins. (Möglicherweise sind es tatsächlich vier Wesen, von denen aber immer nur drei zurzeit erscheinen, oder es sind drei Wesen, von denen eines seine Gestalt wechselt. Ich weiß nicht, was davon zutrifft.)

Rechne damit, dass Dir die Heilertiere als Tiere erscheinen, wenn Du in dieser Form nach ihnen suchst. Wenn Du aber nach den Heilerwesen unserer Ahnen suchst, werden sie sich Dir als Kessel, Speer und Pferd/Wildschwein zeigen. Aus den Erfahrungen, die ich gemacht habe, schließe ich, dass es die gleichen Wesen sind, einmal nur in der „indianischen" Einkleidung, einmal in der Einkleidung der Bilder unserer eigenen Ahnen.

Wenn Du nicht zu sehr an den indianischen Bildern hängst, von denen viele Menschen eher gehört haben als von den Heilerwesen in den Bildern unserer Ahnen, dann solltest Du Dich von Anfang an an unsere eigenen Bilder halten. Ich glaube, dass sie langfristig gesehen für uns tragfähiger sind und uns einen besseren Zugang zu den Kräften der Heilung gestatten. – Aber das ist etwas, was Du mit Dir selbst aushandeln musst.

Es gibt noch sehr viel mehr Ziele in der Anderswelt, tatsächlich sind es ebenso unendlich viele wie in der alltäglichen Wirklichkeit. Aber diese sechs sollten erst einmal genügen, um Dich mit der Anderswelt-Reise vertraut zu machen. Versuche, sie kennen zu lernen, und mache Dich dann selbst auf den Weg nach anderen Zielen, oder frage Menschen, die mehr Reise-Erfahrungen haben als Du. Es gibt unendlich viel zu entdecken!

Im ersten Teil dieses Buches hast Du einiges über die Problematik der Anderswelt-Wahrnehmung gelernt. Erwarte also nicht, dass sich bei Deinen ersten Reiseversuchen die hier beschriebenen Orte immer in der gleichen Erscheinungsweise zeigen!

Die Orte sind immer gleich, sie erscheinen Dir jedoch in unterschiedlichen Bildern, je nachdem, mit welchen Aspekten der Kräfte, Muster und Informationen Du Dich gerade beschäftigst. Es sind eben keine geografischen Orte mit unveränderlichen landschaftlichen Merkmalen. Es sind Konfigurationen, Muster von Kräften, von Wissen, Weisheit und Einsicht, deren äußere, Dir erscheinende Gestalt schon immer einen Teil der Antwort enthält. Schließlich befindest Du Dich hier in einem Teil der Welt, der auf Synchronizität beruht, einem Gefüge von Bedeutungen, in dem Du ebenso enthalten bist, wie diese „Orte" der Anderswelt. Deshalb werden diese Orte auch erst dann für Dich in einer bestimmten Form wirklich, wenn Du durch Dein Reiseziel, Deine Absicht diese Gefüge anstößt oder entstehen lässt.

Auch wenn in der Anderswelt Raum und Zeit nicht existieren, so kannst Du Dich nicht einfach von einem Ort an den anderen wünschen. Manchmal wechselst Du tatsächlich auf Deiner Reise unvermittelt von einem Ort an den anderen. Oft aber wird es nötig und manchmal auch sehr mühsam sein, zu gehen, zu laufen, zu schwimmen oder sogar zu fliegen. Wenn wir über die Krafttiere sprechen (siehe Kapitel 15), wirst Du erfahren, dass es möglich ist, sich in ein Tier zu verwandeln. So stehen Dir manchmal alle Fortbewegungsarten der Tiere zur Verfügung. Diese Tierverwandlung ist eine sehr wesentliche Erfahrung an sich, aber im Zusammenhang mit einer Ortsveränderung hat sie mit Sicherheit eine Bedeutung innerhalb der Aufgabe, die Du Dir für Deine Anderswelt-Reise gesetzt hast.

Das gleiche gilt auch für die Tatsache, dass Du einen Ort aufsuchen musst und nicht sofort, also ohne Verbrauch von Raum und Zeit, zu ihm gelangen kannst. Je mühsamer der Weg für Dich ist, desto wichtiger ist er im Zusammenhang mit Deiner Aufgabe. Daraus kannst Du schließen, dass der Weg, wenn Du ihn denn zurücklegen musst, auch durchaus mühsam und von Hindernissen umstellt sein kann.

Denke an das, was Du über die Synchronizität erfahren hast! Alles, was ist, und alles, was geschieht, formt den Bedeutungszusammenhang, in dem auch Du und Deine Aufgabe sich befinden. Wenn Du ein Hindernis nur als ärgerliche Störung begreifst oder einen langen Weg als Zeitverschwendung in der Anderswelt, dann wird es Dir wahrscheinlich nicht gelingen, Deine Aufgabe für Dich aufzulösen.

Wer oft in die Anderswelt reist, wird schon alleine daraus sehr viel Achtsamkeit für seine alltägliche Wirklichkeit lernen. Du wirst herausfinden, dass auch in der Alltagswelt Bedeutungszusammenhänge wirken. Alles, was Dir in der Alltäglichkeit widerfährt, kann in das Bedeutungsgefüge Deines Lebens verwoben sein! Allerdings wird es nur dann sinngebend in Deinem Leben wirken, wenn Du die Zusammenhänge auch erkennst! Solange Du unachtsam durch die Welt rennst und die Synchronizitäten nicht erfährst und erlebst, wird Dein Leben gewiss sinnleerer sein.

Hier muss ich eine grundsätzliche Anmerkung einfügen:

Du hast gelernt, dass die Anderswelt real ist. Wenn auch die Bilder, in die Du die Erscheinungen und Wesen der Anderswelt für Dich einkleidest, aus Deinem Inneren kommen, so ist die Anderswelt selbst draußen – eben Welt. Deshalb taugt es auch überhaupt nichts, eine Anderswelt-Reise so zu deuten wie einen Traum. Ein Traum gibt Dir nach gängiger psychologischer Lehrmeinung Auskunft über Dich selbst, über Dein Inneres, Dein Unbewusstes oder Unterbewusstes oder was auch immer.

Die Anderswelt-Reise ist eine Reise in die Welt hinaus. Deshalb würde eine Art „Traumdeutung" Deiner Reise völlig am Ziel vorbeigehen und unbrauchbare Ergebnisse bringen! Natürlich ist es psychologisch interessant und für Dich möglicherweise aufschlussreich, zu untersuchen, wie die Bilder zustande kommen, die Du benutzt, um Deine Anderswelt-Erfahrungen einzukleiden. Aber eine solche Betrachtung hätte mit der Anderswelt selbst und mit Deiner Reise nichts zu tun!

Nimm die Ereignisse so hin wie die Geschehnisse Deines alltäglichen Lebens. Nämlich als reale Erfahrungen, als Ereignisse, die Dir geschehen und in die Du verwickelt bist. Die eigentliche Antwort oder die Lösung für Deine Probleme liegen in dem Muster, das Du selbst während Deiner Reise mit allen Wesen und Erscheinungen der Anderswelt bildest.

Das klingt jetzt möglicherweise sehr abstrakt, aber wenn Du Deine ersten Reise-Erfahrungen machst, wirst Du feststellen, dass die Sache gar nicht so schwer ist, solange Du den Fehler des Psychologisierens vermeidest!

# KAPITEL 9

## Die Reiseklänge

Das wahrscheinlich wichtigste Element des Handwerks der Anderswelt-Reise sind die Klänge, die Du benutzt. Ich habe dieses Thema bereits ausführlich in meinem Buch „Schamanische Ritualmusik und die Kraft der Klänge" beschrieben, deshalb werde ich mich hier kurz fassen.

## Der Rhythmus

Die optimale Schlaggeschwindigkeit für Trommel oder Rassel beträgt ungefähr 200 bis 210 Schläge pro Minute. Dieser Wert sollte unbedingt eingehalten werden! Es gibt tatsächlich einige CDs für die schamanische Reise, die mit einem sehr viel langsameren Tempo bespielt wurden. Das taugt nichts! Die Tradition sagt, und meine Untersuchungen am Institut für Biofeedback und Biotraining haben bestätigt, dass 200 bis 210 bpm's (beats per minute) die optimale Wirkung haben. Darin sind sich übrigens auch alle Experten einig (siehe Goodman (18) und (19), Ingermann (11) und andere). Also keine Experimente!

Interessanterweise wird diese Schlaggeschwindigkeit auch in der Techno-Musik verwendet, die ja ebenfalls Trancezustände hervorrufen soll (allerdings im Gegensatz zur Anderswelt-Reise sogenannte Abwesenheits-Trancen). Wenn Du einmal versuchst, 15 Minuten lang eine mittelgroße Rassel in diesem Tempo zu schlagen, dann wirst Du Dich über die erforderliche Kraftanstrengung wundern.

Ein Bekannter hat mir mal vorgerechnet, dass Du in dieser Zeit die Rassel von ungefähr 1 Kg Gewicht 3150 Meter weit bewegst! Er wollte damit nur begründen, warum sie ihm nach 10 Minuten aus der Hand gefallen ist. Bevor Du also die Aufgabe übernimmst, für jemanden zu rasseln oder zu trommeln, solltest Du das einige Male üben, denn nicht nur die erforderliche Schlagzahl, sondern auch eine möglichst große Gleichförmigkeit des Schlagens ist wichtig!

Du darfst keinesfalls Schläge betonen oder in wechselndem Tempo spielen! Völlige Gleichförmigkeit funktioniert am besten. Allerdings heißt das leider nicht, dass Du die Rassel oder Trommel durch ein Rhythmusgerät ersetzen kannst! „Völlig gleichförmig" heißt bei einem Menschen, dass Tempo und Lautstärke ständig kleinen, nicht bewusst hörbaren Schwankungen unterliegen. Unsere Versuche haben ergeben, dass diese offenbar für die Reise-Wirkung sehr wichtig sind. Die gesampelten Klänge einer Rassel haben – in mechanisch gleichförmigem Tempo abgespielt – eine sehr viel geringere Wirkung gehabt.

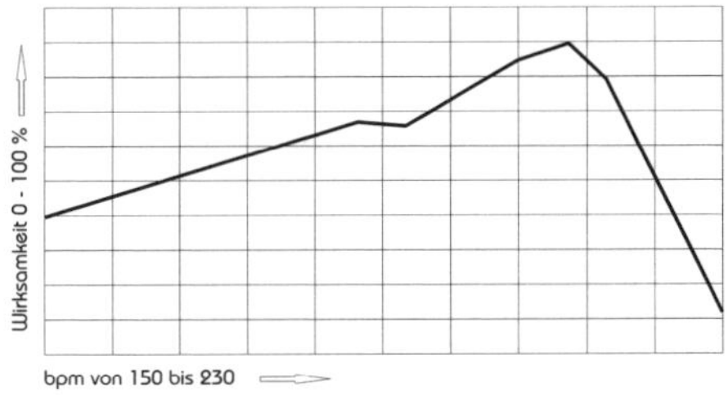


Abbildung 8: Die Wirkung der Schlagzahl

Beziehe in Deine Trommel- oder Rasselübungen auch ein Metronom ein oder benutze die dem Buch beiliegende CD als „Mustervorlage"! Es kommt zwar nicht darauf an, ob Du eine vorgegebene Schlagzahl wirklich sklavisch genau einhältst, aber so ungefähr sollte es schon stimmen! Ich trommele – bedingt durch meine Workshops – sehr oft für andere Reisende und beobachte dabei, dass ich je nach Stimmung, Tagesform und wahrscheinlich auch Kräften der Teilnehmenden durchaus unterschiedliche Schlagzahlen verwende, aber sie liegen immer angenähert bei 200 bpm's.

Anmerkung: Manche Workshop-Leiter ändern im letzten Drittel der Reisezeit (meist zwischen 11 und 13 Minuten) den Rhythmus oder schlagen ein spezielles „Rückrufsignal", damit die Reisenden sich auf die Rückkehr aus der Anderswelt vorbereiten können. Ich tue dies nicht, weil ich gelernt habe, dass die meisten Menschen sich sehr schnell so auf die konstante Länge von 15 Minuten „dressiert" haben, dass sie instinktiv den richtigen Zeitpunkt für die Rückkehr bemerken. Andererseits ist nichts gegen dieses Verfahren einzuwenden. Tue also, was für Dich besser erscheint!

## Der Klang

Welches Instrument die größte „Reisekraft" hat, darüber gehen die Meinungen sehr weit auseinander. Viele Missverständnisse sind dadurch entstanden, dass es, wie Du bereits erfahren hast, zwei verschiedene Möglichkeiten des Reisens gibt: Die ruheinduzierte und die bewegungsinduzierte Reise (siehe Kapitel 4), die unterschiedliche Klänge erfordern. Darüber hinaus scheint es so zu sein, dass nicht alle Menschen auf der Welt in gleicher Weise auf die Reiseklänge reagieren. Unsere Untersuchungen haben ergeben, dass für uns Mitteleuropäer die stärkste Wirkung vom Klang der nordischen Schamanentrommel ausgeht (s.u.), dicht gefolgt vom Klang einer Rassel mit Außen-Netz (s.u.)

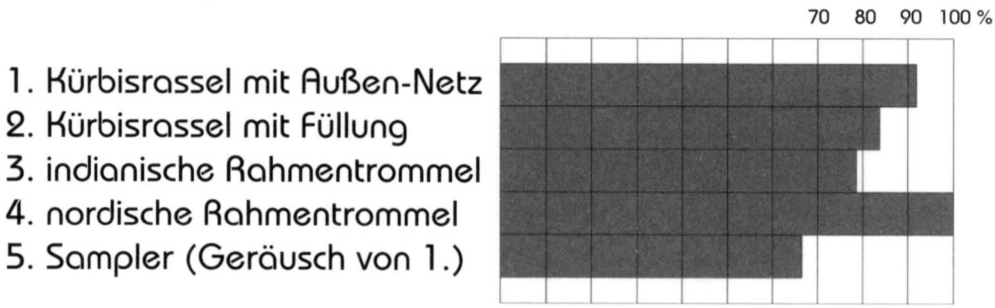


Abbildung 9: Die Wirksamkeit der Klänge

Generell gilt, dass das für die Reise benutzte Geräusch nicht wohltönend und angenehm sein darf! Weil es so wichtig ist, schreibe ich es einfach noch mal: Das für die Anderswelt-Reise verwendete Geräusch darf nicht zu wohltönend und angenehm sein!

Deshalb wird auch niemals eine Rahmentrommel des nordamerikanisch-indianischen Typs für die Reise benutzt! Gerade dieses Instrument wird von europäischen Workshop-Leitern und Hühner-Schamanen gerne genommen, weil es so angenehm klingt und die weichen Töne und Resonanzen so wunderbar einlullen. Eines steht fest: Nordamerikanisch-indianische Schamanen benutzen Rahmentrommeln nicht für die Reise und haben es auch traditionell nie getan!

Der Grund dafür ist sehr einfach: Du hast an anderer Stelle schon erfahren, dass während der Anderswelt-Reise Dein Bewusstsein, Deine Aufmerksamkeit und Achtsamkeit und Dein aktiver Wille vollständig erhalten bleiben, idealerweise sogar über das alltägliche Maß hinaus geschärft werden. Deshalb taugt als Reiseklang auch nichts angenehmes, einlullendes, das Dich einfach abschweben lässt! Die optimalen Klänge sind so misstönend und auch so laut, dass sie Dir bei Deinen ersten Reiseversuchen wahrscheinlich eher als unangenehm erscheinen werden. Das muss aber so sein!

Betrachten wir die beiden für die Anderswelt-Reise besonders tauglichen Instrumente etwas genauer.

## Die Netzrassel

Ein getrockneter Flaschen- oder Kalebassenkürbis bildet den Resonanzkörper dieses Instruments. Um den Resonanzkörper herum wird ein Fadennetz gespannt, auf das die Rasselgegenstände (Samenkörner, Kirsch- oder Dattelkerne o.ä.) aufgezogen werden.

Abbildung 10: Die Netzrassel

Ein solches Instrument kannst Du in jedem gut sortierten Musikladen kaufen. Es gibt sie in unterschiedlichen Größen, von ca. 5 bis 60 cm Durchmesser. Mit der Größe verändert sich die Lautstärke und mit der Art der Rasselgegenstände die Schärfe des Klangs. Die optimale Größe richtet sich nach der Raumgröße und nach der Anzahl der Teilnehmer. Im Freien benötigst Du wegen des fehlenden Raumklangs sehr große Rasseln mit einem scharfen Klang.

Wenn Du eine Rassel für die Reise auswählst, dann bedenke, dass Du als „Rassler" mit Deinem Ohr mindestens zwei bis drei Meter näher an der Schallquelle bist, als der Reisende! Also muss das Geräusch für Dich viel zu laut und viel zu unangenehm klingen, damit es für die Reisenden gerade richtig wirkt!

Es wäre natürlich schön, wenn Du einen Garten hättest und Deine eigenen Flaschenkürbisse ziehen könntest, um Deine Rassel(n) selbst zu bauen. Aber unbedingt erforderlich ist das nicht.

## Die nordische Trommel

Das verhält sich bei der nordischen Trommel ganz anders! Eine solche Trommel kannst Du nirgendwo kaufen (auch im MEGIN-Haus gibt es sie nur nach Vorbestellung und persönlicher Absprache). Wenn Du eine solche Trommel haben willst, die für uns Mitteleuropäer zweifellos den bestmöglichen Reiseklang hergibt, dann wirst Du sie entweder vollständig selbst bauen oder aber eine fertige Rahmentrommel um die fehlenden Teile ergänzen müssen.

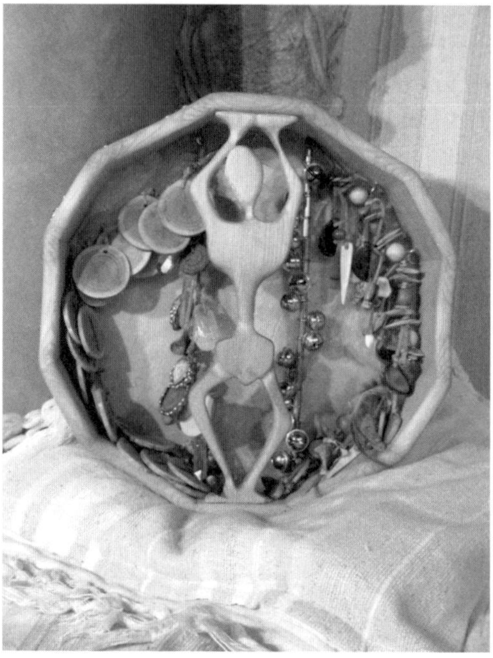

Abbildung 11: Die nordische Trommel

Die Abbildung zeigt die Rückseite einer von mir gebauten nordischen Trommel. Die wesentlichen Unterschiede bestehen in dem Griff, der die obere und die untere "Spitze" der Trommel miteinander verbindet (das verändert das Resonanzverhalten im Verhältnis zu einer normalen Rahmentrommel völlig) und in den zahlreichen Klappergegenständen, die in das Innere der Trommel hineingehängt werden.

In Mitteleuropa starben diese Trommeln zusammen mit der schamanischen Tradition schon vor langer Zeit aus. Aber sie sind heute noch in einem Raum verbreitet, der von Sibirien bis Nordeuropa (Finnland) reicht.

Du kannst Dir wahrscheinlich leicht vorstellen, dass diese Trommeln sehr merkwürdige Klänge von sich geben: Je nach Spieltechnik und verwendetem Schlegel geben sie klappernde, scharrende, summende Geräusche von sich, die den eigentlichen Trommelklang in Abhängigkeit von der Lautstärke unterlegen oder überlagern. Bei vielen mongolischen Schamanen war und ist es sogar üblich, eine Rassel aus mehreren Metallringen auf die waagerecht gehaltene Trommel zu legen. Das verwandelt das Geräusch der Trommel schlicht in einen „Höllenlärm".

Die Abbildung 9 hat bereits deutlich gemacht, dass es genau dieser Klang, der Klang der nordischen Trommel ist, der für uns Mitteleuropäer die stärkste Reisekraft hat – dichtauf gefolgt von der Netzrassel. Deshalb wäre es sicher nicht falsch, wenn Du Dir eine solche Trommel baust – oder zumindest eine CD mit diesem Klang für Deine Reisen verwendest.

## Die CD

Die Tradition sagt, dass der Schamane nicht für sich selbst trommeln oder rasseln kann, wenn er auf die Reise geht. Dies gilt jedenfalls für die ruheinduzierte Reise, mit der wir uns in diesem Buch überwiegend beschäftigen. Unsere Untersuchungen am Institut für Biofeedback und Biotraining haben dies experimentell bestätigt:

1. hindert die Einnahme einer Reisehaltung (das wenn immer möglich empfohlene Verfahren) am Rasseln oder Trommeln.

2. Rasseln oder Trommeln im ansonsten unbewegten Stehen oder Sitzen verhindert den Eintritt in die als Durchgangszustand erforderliche Trance.

Ausnahmen sind möglich, nicht aber die Regel. Ich habe in meiner eigenen Arbeit für mich festgestellt, dass es nach langjähriger Übung sehr wohl möglich ist, für sich selbst zu rasseln oder zu trommeln, aber es ist für die ruheinduzierte Reise nie so einfach, als wenn jemand anders (oder die CD) für mich die Arbeit übernimmt.

Lerne daraus einfach, dass Du für Dich selbst die CD aus diesem Buch (oder auch eine andere) benutzt, wenn Du selbst reist und keinen Gehilfen zur Verfügung hast, der diese Arbeit für Dich erledigt.

Das Reisetrommeln auf der CD dauert 15 Minuten. Es wurde dafür eine traditionelle nordische Trommel verwendet. Dieser Klang funktioniert „live" wie alle Klänge zwar besser, aber alle, die mir beim Testen geholfen haben, konnten mit der CD einwandfreie Ergebnisse erzielen. – Außerdem hat die Verwendung einer CD unter Umständen noch einen großen Vorteil: Wenn Du in einer geräuschempfindlichen Umgebung lebst, kannst Du um des lieben Friedens Willen Kopfhörer benutzen: Die Lautstärke sollte ebenso wie bei den „live" gespielten Klängen ziemlich hoch sein und könnte somit Nachbarn oder andere manchmal unfreundliche Mitmenschen stören.

## Der musikalische Gehilfe des Reisenden

Das ideale Verfahren besteht natürlich darin, einen Gehilfen zu haben, der für Dich Trommel oder Rassel schlägt. Traditionell geht der Gehilfe so weit mit auf die Reise, dass er beobachten kann, was Du in der Anderswelt tust und wann Du bereit zur Rückkehr bist. Außerdem kann er dem erfahrenen Reisenden – nunmehr in völliger Abweichung von dem, was für den Nicht-Schamanen garantiert richtig ist – durch Änderungen der Schlagzahl und der Lautstärke auf seiner Reise helfen. Hier gibt es also keine festgelegte Reisezeit mehr und auch andere Veränderungen sind möglich – allerdings wirklich nur, wenn beide, Gehilfe und Reisender, die Kunst der Anderswelt-Reise so perfekt beherrschen, dass der eine den anderen tatsächlich beobachten kann.

Solltest Du das Glück haben, einen Gleichgesinnten zu kennen, so dass ihr abwechselnd reisen und trommeln/rasseln könnt, solltet Ihr auf solche Dinge jedoch verzichten und Euch an konstante 15 Minuten und gleichmäßige Lautstärke und Schlagzahl halten! Alles andere erfordert wirkliche handwerkliche Perfektion des Reisens, die sich gewiss nicht von heute auf morgen einstellt.

# KAPITEL 10

## Die Reisehaltungen

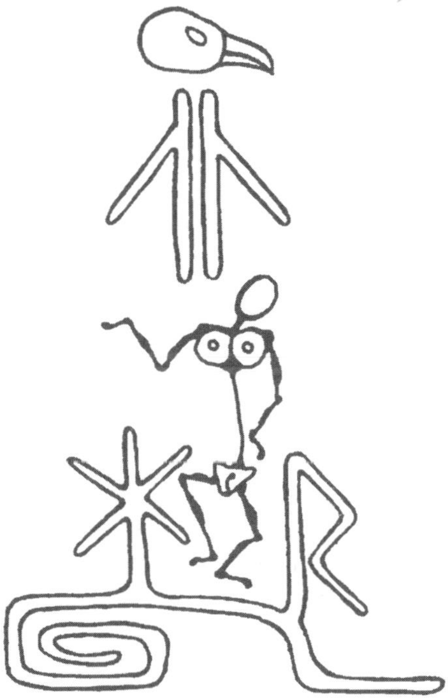

Eines der wichtigsten und spannendsten Hilfsmittel für die Anderswelt-Reise sind die Reisehaltungen. Es gibt einige gute und ausführliche Bücher speziell zu diesem Thema (Goodman (18) und (19), Gore (9)), deshalb werde ich mich kurz fassen. Ich gehe davon aus, dass die ausführlichen Informationen ohnedies erst für den Fortgeschrittenen interessant werden.

Zum Thema Reisehaltungen gibt es zwar sehr viele Erfahrungsberichte, und wir wissen recht gut darüber Bescheid, wie der Reisende sie benutzt und mit welchen Resultaten zu rechnen ist. Aber über die Hintergründe ist so gut wie nichts bekannt. Ich kann lediglich einige Überlegungen vortragen, die sich mir aus meiner praktischen Erfahrung aufdrängen.

## Die Unbequemlichkeit der Reisehaltungen

Wir kennen dank der Forschungen von Goodman und Gore inzwischen weit über dreißig traditionelle Reisehaltungen, die alle zumindest eine Gemeinsamkeit haben: Sie sind ausgesprochen unbequem. Sie für 15 Minuten einzuhalten und vor allem korrekt zu halten stellt eine größere körperliche Anstrengung dar.

Umgekehrt lehrt die Erfahrung, dass es nichts taugt, wenn Du es Dir für die Reise bequem machst. Eine weiche Matratze, entspannte Liegehaltung (eventuell noch mit Kopf- oder Fußkissen) fördert die Reise grundsätzlich nicht. Im Gegenteil:

> Je bequemer Du es Dir machst, desto geringer stehen die Chancen für eine erfolgreiche Reise!

Das erscheint mir, abgesehen von den vorliegenden praktischen Erfahrungen, auch logisch: Es geht wieder einmal darum, dass Deine Aufmerksamkeit und Achtsamkeit auf das höchste gespannt sein sollen, dass Dein Wille, Dein Bewusstsein und auch Deine Körperwahrnehmung nicht nur erhalten, sondern sogar geschärft werden sollen. Du kannst Dir sicher leicht vorstellen, dass eine völlig entspannte Haltung, Ruhe und dämmeriges Licht einen solchen Zustand nicht gerade fördern.

> Du sollst den Übertritt in die Anderswelt ja gerade hellwach und aktiv und nicht im Halbschlaf vollziehen!

In jedem Fall gilt: Es spielt gar keine Rolle, wie groß die Muskelanspannungen einer Reisehaltung sind. Sobald Du in die Anderswelt eingetreten bist, spürst Du sie nicht mehr, denn in dieser Zeit ist es so, als wäre Dein Körper mit seinen Anstrengungen in der Alltagswelt zurückgeblieben. Du wirst erst die Nachwirkungen wieder fühlen: Eingeschlafene Füße, Muskelkater und ähnliches können sich hinterher durchaus einstellen, während der Reise machen sie sich nicht bemerkbar.

Die Reisehaltungen bewirken natürlich noch wesentlich mehr, als Dich nur wach und aktiv zu halten. Ich bezeichne sie gerne als „Zielvorrichtungen". Jede Reisehaltung hilft Dir, einen bestimmten Ort in der Anderswelt aufzusuchen, bestimmte Wesen zu treffen oder konkrete Aufgaben wahrzunehmen. Das heißt, die Reisehaltung bestimmt sozusagen die Anfangsbedingungen, mit denen Du in die Anderswelt eintrittst.

Das Spannende an der Sache ist, dass der/die Reisende nicht einmal wissen muss, wofür die jeweilige Haltung gedacht ist. Vielmehr ist es die Körperhaltung selbst, die die Wirkung auslöst, nicht das damit verbundene Wissen. Das haben jedenfalls die eingehenden Versuche von Goodman (18) und (19), Gore (9) und anderen ergeben, und ich kann meine eigenen Erfahrungen hier bestätigend hinzufügen.

Einerseits finde ich es immer wieder verblüffend, dass eine einfache, konkrete Körperhaltung sich so intensiv auf mentale Abläufe auswirkt, andererseits erscheint es mir aber auch sehr einleuchtend, denn Körper, Geist und Seele bilden nun mal eine Einheit, in der sich Prozesse und Änderungen in einem Teil sofort immer auf die anderen Teile auswirken. (Wenn das nicht so wäre, dann könnte es die Anderswelt-Reise auch gar nicht geben.)

## Die Genauigkeit der Haltungen

Die Erfahrung zeigt, dass die Haltungen sehr genau eingenommen werden müssen. Schon kleine Abweichungen, z.B. in der Handhaltung, können dazu führen, dass die Reisehaltung als „Zielvorrichtung" entweder völlig versagt oder nur eingeschränkt funktioniert.

Deshalb habe ich mich bemüht, die hier erwähnten Haltungen so zu beschreiben und fotografisch zu dokumentieren, dass Du sie auch ohne Anleitung in einem Workshop einnehmen kannst.

In meinen Workshops erlebe ich immer wieder, dass jemand aufgrund körperlicher Schwierigkeiten (Krankheitsfolgen, Alter) manche Haltungen gar nicht einnehmen kann. Es hat in solchen Fällen keinen Zweck, sich mit einem Übermaß an Schmerzen herumzuquälen! Die Haltung soll zwar unbequem sein, nicht aber von vornherein schmerzhaft. Das würde die Anderswelt-Reise mit einiger Sicherheit verhindern. Es ist aber auch nicht sinnvoll, die Haltung in einem solchen Fall nur annähernd einzunehmen. Besser wäre es, eine andere Haltung auszuwählen. In schwierigen Fällen empfehle ich die unten als erstes beschriebenen „Notfallhaltungen". Sie sind zwar von der Wirkung her nicht optimal, weil sie unspezifisch sind. Das heißt, es sind eigentlich keine „Zielvorrichtungen", sie begünstigen aber wenigstens den Eintritt in die Anderswelt. In jedem Fall solltest Du sie einer bequemen Liegehaltung vorziehen, die immer kontraproduktiv ist.

Hierzu möchte ich Dir von einem Workshopbesucher berichten, den ich inzwischen zu meinen Freunden zählen darf: Trotz ausgiebiger Bemühungen im Laufe von zwei Jahren, trotz der Teilnahme an verschiedenen Workshops und „Reiseabenden" war es ihm nie gelungen, tatsächlich in die Anderswelt einzutreten. Er versuchte es immer wieder – ohne Erfolg. Sein Problem bestand darin, dass er aufgrund seines Alters Schwierigkeiten mit seinen Knie- und Fußgelenken hatte, die es ihm unmöglich machten, die Reisehaltungen korrekt einzunehmen. Schließlich hatten wir nach etlichen vergeblichen Experimenten eine Haltung gefunden, die er mit Hilfe einer Meditationsbank und einiger fester Kissen tatsächlich einnehmen und für 15 Minuten halten konnte. – Und von einem Moment zum anderen hatte er keine Probleme mehr mit dem Reisen!

## Allgemeines

### Bekleidung

Trage keine Schuhe! Wenn die Temperaturen es erlauben, solltest Du barfuß arbeiten. Deine Bekleidung sollte möglichst bequem sein, ohne Gürtel oder andere einzwängenden oder dicht anliegenden Teile. Am besten ist weite Sportkleidung geeignet. Wenn Du alleine bist, spricht durchaus etwas dafür, die Anderswelt-Reise nackt anzutreten oder nur einen Kittel, Kaftan oder ein ähnlich weites Kleidungsstück zu tragen.

Andererseits habe ich auch schon eine Anderswelt-Reise in Hut und Mantel gemacht, weil der Notfall keine andere Möglichkeit bot. Wie immer gilt: Du solltest Deine Arbeit so genau und sorgsam machen, wie es unter den gegebenen Umständen möglich ist. Wenn es aber so nicht geht, dann wird eben improvisiert! Besser eine zusammengedrückte Bierdose mit ein paar Centstücken als Rassel, eine Zigarette zum Räuchern und Straßenbekleidung als gar keine Reise!

### Der Ort

Liegehaltungen beanspruchen relativ viel Platz. Wenn Du nicht genug Raum dafür hast, dann wähle eine ähnlich wirkende Sitz-, Knie- oder Stehhaltung. Wenn Du keine entsprechende Haltung kennst, dann verwendest Du stattdessen eine der Notfallhaltungen.

> Im Übrigen bestimmt die Reisehaltung nur die Startbedingungen, also zum Beispiel den Ort, an dem Du in der Anderswelt ankommst. Wenn Du eine Reisehaltung für den Besuch der unteren Welt gewählt hast und Dein Anderswelt-Aufenthalt zum Beispiel in einer Höhle beginnt, dann kannst Du trotzdem von dort den Weg in die mittlere oder obere Welt finden. Es ist halt nur ein wenig mühsamer, als direkt dort anzukommen, wo Du hin willst.

### Übungen

Es schadet gewiss nicht, wenn Du die Haltung, die Du verwenden möchtest, einige Male übst, bevor es ernst wird. Vielleicht hast Du einen freundlichen Mitmenschen in Deiner Nähe, der sie mit dem Foto und der Beschreibung vergleicht, denn es ist wirklich wichtig, alle Einzelheiten genau nachzuvollziehen!

## Die Notfallhaltungen

Für beide Notfallhaltungen benötigst Du einen einfachen Stuhl ohne Armlehnen mit gerader Sitzfläche oder einen Hocker mit normaler Sitzhöhe. Setze Dich entspannt auf den Stuhl, die Beine ein wenig auseinander, die Füße schräg nach außen in einem Abstand von circa 20 bis 25 Zentimetern flach auf den Boden gestellt. Wichtig ist, dass die Sitzhöhe des Stuhls oder Hockers es Dir ermöglicht, zwischen Ober- und Unterschenkel einen einigermaßen rechten Winkel zu bilden. Die Haltungen funktionieren nicht, wenn Deine Füße in der Luft baumeln oder wenn Du deutlich zu groß für die Sitzhöhe bist!

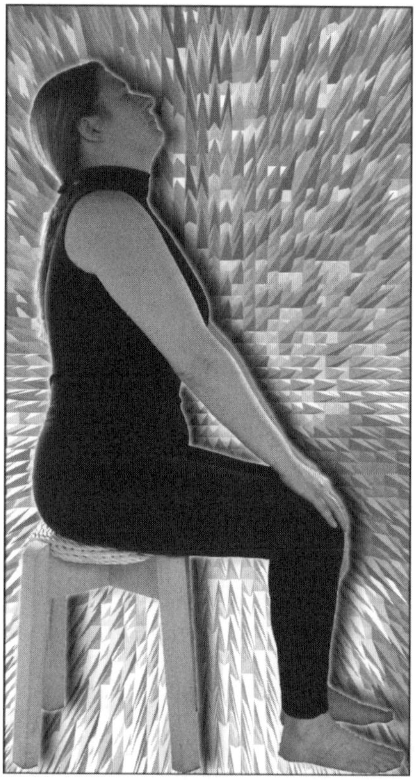

Abbildung 12: Notfallhaltung Möglichkeit 1

Je nach Bewegungsvermögen richtest Du den Oberkörper gerade auf, machst ein leichtes „Hohlkreuz", legst die Hände mit völlig gerade ausgestreckten Armen (sehr wichtig!) auf die Knie, legst den Kopf ein wenig zurück und schließt die Augen. Nun bist Du zur Reise bereit.

Abbildung 13: Notfallhaltung Möglichkeit 2

Falls Dir das Hohlkreuz oder die gerade ausgestreckten Arme Schwierigkeiten bereiten, kannst Du die zweite Notfallhaltung ausprobieren: Lass Deinen Oberkörper soweit zusammensinken, dass Du die Unterarme flach auf Deine Oberschenkel legen kannst. Dabei sollten Deine Hände locker und geöffnet zwischen Deinen Beinen herunter hängen. Lege wiederum den Kopf ein wenig in den Nacken und schließe die Augen.

Obwohl ich diese beiden Reisehaltungen hier als Notfallhaltungen bezeichnet habe, sind sie durchaus als universelle Reisehaltungen für jeden geeignet, eben weil sie nicht „zielen", sondern lediglich den Eintritt in die Anderswelt fördern. Du solltest sie also unbedingt einmal ausprobieren, um herauszufinden, ob sie Dir nicht gerade besonders gut liegen.

## Die Reise in die mittlere Welt – die Metamorphose

Als nächstes beschreibe ich eine Haltung, die ziemlich universell anwendbar ist. Diese Haltung lehre ich in meinen Workshops gewöhnlich als erste. Einerseits haben die meisten Menschen keine körperlichen Schwierigkeiten damit. Zweitens führt sie unter anderem an nahezu alle Orte der mittleren Welt (also zum Beispiel zum Weltbaum, zum Stein der Kraft und zu allen anderen Zielen, die sich auf der „Erdoberfläche" befinden). Allerdings hat sie noch eine andere Kraft, die sehr nützlich sein kann, sie fördert die Metamorphose, also die Verwandlung des Reisenden in ein anderes Wesen aus dem Reich der Tiere, Pflanzen oder Steine.

Zunächst zeige ich Dir, wie Du diese Haltung einnimmst, dann werde ich erläutern, wie Du sie benutzen kannst.

Abbildung 14: Die kniende Haltung

Knie Dich auf den Boden. Du kannst Dich auf einen Teppich oder eine nicht zu dicke Decke knien, eine weiche Matratze solltest Du jedoch in keinem Fall verwenden. Setze Dich auf Deine Fersen. Wenn Du Deine Knie nicht weit genug beugen kannst, ist es erlaubt, ein nicht zu dickes Kissen zwischen Ober- und Unterschenkel zu schieben. Mache ein Hohlkreuz, soweit es Dir möglich ist, und beuge Dich mit durchgedrücktem Rückgrat so weit nach vorne, dass Du Deine Hände mit gerade ausgestreckten Armen auf die Knie legen kannst. Lege den Kopf ein wenig in den Nacken, schließe die Augen und öffne den Mund, indem Du einfach Deine Kinnlade entspannt nach unten fallen lässt.

Zu dieser Haltung als Zielvorrichtung für die mittlere Welt gehört, dass Du vor Beginn der Reise den Ort, den Du besuchen willst, genau benennst. Wenn Du ihn aus früheren Reisen schon kennst, dann solltest Du ihn so visualisieren, wie Du ihn kennen gelernt hast. Allerdings gilt immer, dass Du diese Vorstellungen zum Beginn der Reise loslassen und dann einfach nur noch abwarten solltest.

Als „indirekte" Zielvorrichtung eignet sich diese Reisehaltung ebenfalls. Wenn Du zum Beispiel Dein Krafttier treffen willst, ein bestimmtes anderes Wesen suchst, oder Informationen oder Kräfte benötigst, von denen Du nicht weißt, woher Du sie bekommen kannst, dann solltest Du Deine Wünsche vor Beginn der Reise deutlich benennen und Dich von dieser Reisehaltung dorthin tragen lassen, wo Du Hilfe finden wirst.

Wenn Du diese Haltung für eine Metamorphose, also für eine Verwandlung in Tier, Stein oder Pflanze benutzen willst, hast Du zwei Möglichkeiten: Entweder Du setzt Dir die Verwandlung vor Beginn der Reise als Ziel, oder Du reist unspezifisch in die mittlere Welt, schaust Dich dort um und bittest eines der Wesen, denen Du begegnest, darum, Dich in seine Gestalt verwandeln zu dürfen. Eine solche Verwandlung ist an sich schon ein überwältigendes Erlebnis, sie kann aber auch einen großen Nutzen für Dich haben. Darüber werde ich in Kapitel 15 noch ausführlich berichten.

## Die Reise in die untere Welt

Diese Reisehaltung führt Dich nicht unbedingt in das Reich der Toten oder gar in die Hölle der christlichen Vorstellungen. Nimm die Bezeichnung einfach nur wörtlich: Alle Ziele, die unter der Erdoberfläche liegen, kannst Du mit dieser Reisehaltung erreichen. Da wir von der Anderswelt sprechen, können dazu „Orte" wie unterirdische Höhlen und Gänge zählen, aber auch geografisch nicht lokalisierbare Orte wie das Reich der verlorenen Seelen oder Seelenteile, die Orte der Erinnerungen und so weiter.

Auch hier gilt, dass Du Dir das Reiseziel vor Beginn der Reise vergegenwärtigen solltest. Oder Du bittest allgemein um Hilfe, die Du dann eben eher im „unterirdischen" Teil der Anderswelt finden wirst.

Um diese Haltung einzunehmen, legst Du Dich mit ausgestreckten Beinen auf den Bauch. Als Unterlage sind wieder Teppich oder Decke erlaubt, nicht aber Matratzen oder andere weiche Materialien. Strecke Dich gerade aus, lege das rechte Bein so über das linke, dass sich die Knöchel überkreuzen. Drehe den Kopf zu Deiner linken Schulter und bette Dich mit Deiner rechten Wange auf den Boden. Die Hände liegen flach

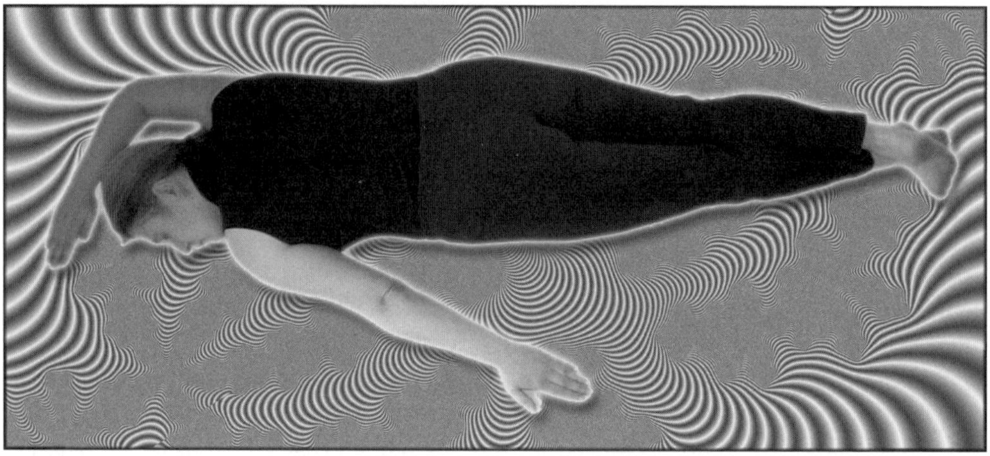

Abbildung 15: Die Reise in die Unterwelt

ausgestreckt auf dem Boden, die Arme werden so angewinkelt, dass die rechte Hand näher zum Kopf hin liegt.

Es ist auch möglich, diese Haltung spiegelverkehrt auszuführen. Dann musst Du allerdings darauf achten, die gesamte Haltung umzukehren, nicht nur einzelne Elemente davon. Das ist sehr wichtig! Ich kann ohnedies nur immer betonen, dass die Reisehaltungen völlig exakt eingenommen werden müssen. Schon kleine Abweichungen können genügen, um sie unwirksam zu machen.

## Die Reise in die obere Welt

Solltest Du Dich später einmal ausführlich mit den Kräften und Möglichkeiten der Reisehaltungen befassen, dann achte bitte darauf, die hier beschriebene Haltung nicht mit der „südamerikanischen Haltung für die Reise in die Unterwelt" zu verwechseln, die in dem Buch von Gore (9) beschrieben wird. Beide sehen entfernt ähnlich aus, unterscheiden sich aber in wichtigen Details.

Lege Dich flach auf den Rücken, die Beine gerade ausgestreckt nebeneinander. Überkreuze die Beine so, dass das Sprunggelenk des rechten Fußes auf dem des linken liegt. Lege den rechten Unterarm so auf die Stirn, dass er keinen Druck auf die Augenbrauen ausübt. Halte ihn waagerecht, so dass der Ellenbogen ebenso wie das Handgelenk frei in der Luft schwebt. Strecke den linken Arm in einem Winkel von 30 Grad neben Deinem Körper aus. Die Handfläche liegt dabei flach auf dem Boden. Schließe die Augen.

Auch diese Haltung kannst Du spiegelbildlich ausführen. Achte nur wieder darauf, wirklich alle Elemente der Haltung umzukehren.

Diese Haltung führt Dich in die obere Welt, in die Äste des Weltbaums, in das Reich der Wolken, zu den Vögeln oder sogar noch weiter in das Universum hinein.

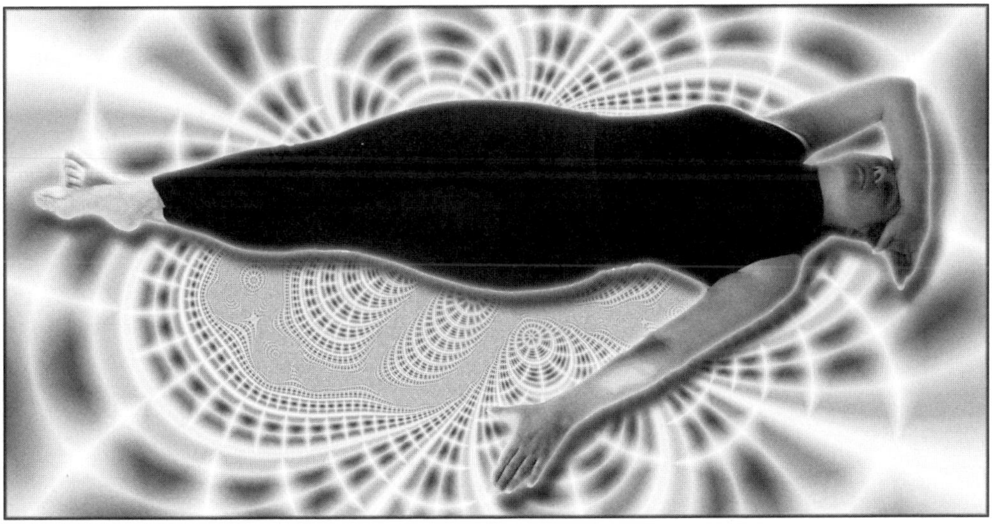

Abbildung 16: Die Reise in die obere Welt

# KAPITEL 11

## Die Reiserunen

Möglicherweise hast Du im Zusammenhang mit der schamanischen Reise oder der Anderswelt-Reise noch nie etwas über die Runen gehört. Wenn dem so ist, dann gibt es dafür einen sehr einfachen Grund: Heute scheint es so zu sein, dass die meisten Menschen ihre ersten Kontakte zur schamanischen Arbeit über die indianische Tradition finden.

Das liegt zum einen sicherlich daran, dass diese Tradition bis heute ungebrochen existiert – und daran, dass sie dem Englischsprachigen weitgehend zugänglich ist. Das kann aber nicht der einzige Grund sein, denn auch in vielen anderen Teilen der Welt gibt es noch Schamanismus. Ich glaube, es liegt einfach daran, dass die ersten populären deutschsprachigen Bücher über den Schamanismus von der nordamerikanisch-indianischen Tradition berichteten, so dass sich das Interesse hauptsächlich daran ausrichtete, obwohl zum Beispiel die tibetischen, nepalesischen, mongolischen und sibirischen Kulturen immer noch viel stärker schamanisch geprägt sind als die nordamerikanische.

Sei es, wie es sei. In unserer eigenen Vergangenheit bildeten die Runen den Kern- und Angelpunkt und das Fundament jeglicher „magischer" Arbeit. Dies galt auch für die Anderswelt-Reise und für jede andere Art der Arbeit mit veränderten Bewusstseinszuständen (siehe Jan Fries). Die Runen können Anderswelt-Werkzeuge sein, Spiegel und Knotenpunkte veränderter Bewusstseinszustände, Tore für die Anderswelt-Reise und mehr. Außerdem sind sie selbst Teile des Großen Musters und Träger von Kräften, die der Runenkundige vielfältig nutzen kann. Alle diese Themen habe ich ausführlich in meinem Buch „Runen Leben" dargestellt.

Nun erwarte ich nicht von Dir, dass Du Dich jetzt monate- oder gar jahrelang mit den Runen beschäftigst, bevor Du endlich auf die Anderswelt-Reise gehen kannst. Ich weise lediglich darauf hin, dass der Weg der schamanischen Arbeit in unserer Tradition ohne den Umgang mit den Runen nicht gegangen werden kann.

Glücklicherweise entfalten die Runen zumindest einen Teil der ihnen innewohnenden Anderswelt-Kräfte auch dann, wenn Du nicht wirklich mit ihnen vertraut bist. Deshalb beschreibe ich Dir im Folgenden einige der besonders gut als „Tore" für die Anderswelt geeigneten Runen und ihre Anwendung. Was Du tun kannst, beschränkt sich ohne genaue Kenntnisse dieser Zeichen darauf, sie aufzuzeichnen und zu visualisieren. Trotzdem werden sie Dir helfen, den Eintritt in die Anderswelt zu erleichtern und die Reiseintensität zu verstärken.

Es ist natürlich Deine Entscheidung, welcher Tradition Du folgen willst. Ich erinnere Dich nur noch einmal daran, dass die Kräfte und Wesen aus unserem Teil der Welt und aus unserer eigenen Vergangenheit besser und stärker für uns wirken und uns einen sehr viel unmittelbareren Zugang zur Anderswelt eröffnen, als Dinge, die aus anderen Traditionen zu uns kommen. Dass so viele Workshop-Leiter und auch die meisten Hühner-Schamanen diese Weisheiten nicht lehren, liegt einfach daran, dass sie sie nicht kennen – und nicht daran, dass sie nichts taugen.

Also denn: Wenn Du bereit bist, auch die Runen in Deine Reise-Arbeit zu integrieren, dann schaue Dir zunächst die Rune EH an, die Reiserune schlechthin.

## Die Rune EH

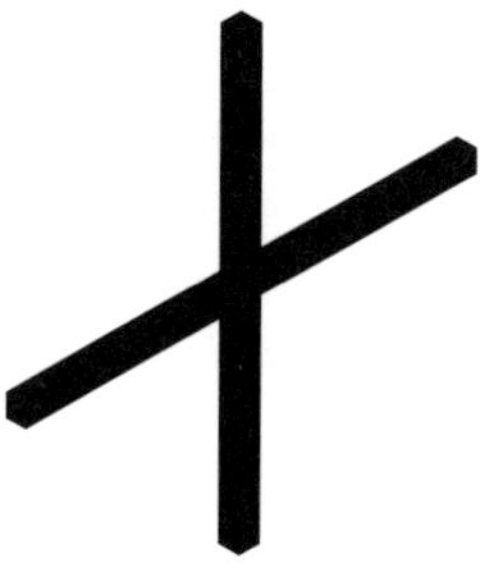

Abbildung 17: Die Rune EH

Ich zitiere hier einen Auszug aus meinem Buch „Runen Leben":

*„EH, das Pferd, Sleipnir, Odins achtbeiniges Reittier, überwindet alle Grenzen, führt uns, wohin der Weg uns lenkt. Der Weg hat seine eigene Form, nimmt seinen Verlauf, auch wenn wir ihn noch nicht kennen.*

*EH führt uns in die Tiefe des Universums, wohin auch immer wir wollen. Aber wohin wir wollten, erfahren wir erst, wenn wir angekommen sind. Reiter, Pferd und Weg sind eins, der Weg bestimmt unsere Bahn, bekannt oder nicht, das Pferd trägt uns, und wir entscheiden, ob wir angekommen sind oder nicht...*

*Odin ist eine Götterperson, die alle Grenzen transzendiert, sie überschreitet und damit für sich auflöst. So bedeutet das Fortbewegen als Prinzip dieser Rune nicht einfach nur räumliche oder zeitliche Distanzüberwindung, also Reisen, sondern die Überwindung der Grenzen, die Zusammenführung der Gegensätze und das Aussprechen des Unaussprechlichen.*

*Sleipnir, das Reittier, ist dabei nicht nur ein Fortbewegungsmittel, sondern ein Wesen mit eigenem Willen und eigenen Vorstellungen vom Weg: Wir steigen nicht auf, geben das Ziel vor und reiten los. Vielmehr entsteht der Weg erst auf dem Weg und aus dem Zusammenwirken von Ross und Reiter.*

*Fortbewegen heißt hier, sich fortbewegen und fortbewegt werden, gehen und geschoben werden – und das nicht auf irgendeinem Weg, sondern auf einem, der alle Grenzen überschreitet und damit den Reiter ebenso verändert wie sein Pferd..."*

Die Benutzung des in Abbildung 17 gezeigten Runenzeichens fördert die Reise in jeder Form, vor allem aber die Anderswelt-Reise, die Bewegung in der nicht-alltäglichen Wirklichkeit. Darauf weist der Satz hin: „Vielmehr entsteht der Weg erst auf dem Weg und aus dem Zusammenwirken von Ross und Reiter." Diese Worte beschreiben die Synchronizität, den Bedeutungszusammenhang, ohne den eine Anderswelt-Reise gar nicht möglich wäre.

Wenn Du nicht mehr über die Runen weißt, dann kannst Du ihre Kräfte bis zu einem bestimmten Maß nutzen, indem Du sie auf ein Stück Papier zeichnest, das Du während der Reisevorbereitungen vor Dich hinlegst. Darüber hinaus solltest Du sie bei der Benennung Deines Reiseziels visualisieren und ihr Bild mit dem des Ziels verknüpfen. EH wird dann wenigstens einen Teil ihrer Kraft für Dich zugänglich machen. Je weiter Dein Weg Dich von der alltäglichen Wirklichkeit fortführt, desto stärker wird die Rune Dir behilflich sein.

## Die Rune LAF

Abbildung 18: Die Rune LAF

Die Kraft dieser Rune hilft Dir besonders bei allen Reisen in die untere Welt. Das Zitat aus „Runen Leben":

> *„LAF ist die dunkle Öffnung, der Strudel zwischen der Diesseitswelt und der Anderswelt. LAF enthält die Kraft des Meeres, die Kraft, die aus der Hingabe an das Walten der Kräfte entsteht.*
>
> *Sie öffnet uns den Zugang zu den Bereichen zwischen den Wurzeln des Weltbaums, zur Unteren Welt.*
>
> *Auch in die Dunkelheit zwischen den Fäden des großen Musters führt sie uns.*
>
> *Sie erschließt uns den Zugang zu den tiefsten Geheimnissen der wahren Geschichten und zu dem, was verborgen in uns ruht."*

Es versteht sich wohl von selbst, dass die Rune Laf sich für alle Reisen in die Untere Welt eignet. Du kannst sie – ebenso wie die beiden folgenden Runen – natürlich mit der Rune Eh als „generelle Reiserune" kombinieren, indem Du sie nebeneinander zeichnest. Versuche allerdings nicht, eine Binderune aus den beiden Runen zu erstellen, wenn Du Dich nicht wirklich sehr genau mit dieser Kunst auskennst! Die Wahrscheinlichkeit, dass Deine Binderune nicht funktioniert, weil sie unerwünschte und unerkannte Teilrunen enthält, ist einfach zu groß.

## Die Rune AR

Abbildung 19: Die Rune Ar

Für Deine Reisen in die obere Welt kannst Du das Zeichen der Rune AR verwenden:

> *„AR, der Adler, das Auge der Welt:*
> *Wir sind Teil der Welt und zugleich von ihr getrennt. Nur, wenn wir von der Welt getrennt sind, können wir sie erkennen. Nur, wenn wir mit ihr eins sind, können wir in ihr leben. Wir müssen zugleich von der Welt verschieden und doch mit ihr eins sein. AR, das Auge der Welt, das Bewusstsein der Welt, führt uns in die Regionen über der Krone des Weltenbaums. Die unendliche Freiheit der blauen Weite, die vollständige Abtrennung von der Welt schneidet uns von den Wurzeln des Lebens ab. Fliege nicht zu weit hinaus! […]"*

## Die Rune MAN

Abbildung 20: Die Rune MAN

Die Rune MAN hingegen führt Dich in die mittlere Welt:

> *„MAN, die Gemeinschaft alles Lebendigen, das Große Muster selbst, die Verbindungen zwischen mir und dem Großen Tanz.*
>
> *MAN öffnet uns das Tor zur Mittleren Welt, vor allem zu den tierischen, pflanzlichen und mineralischen Bewohnern dieses Teils der Anderswelt.*
>
> *Wir ernähren uns von den Wesen der Diesseitswelt, so, wie sie sich von uns ernähren. Wir sind Teil der Gemeinschaft, eingebunden, nie allein. Solange wir die Fäden des Musters nicht mutwillig selbst zertrennen, gibt es zwar Gefährdung, aber auch Trost und Sicherheit."*

Wenn Du die Runen in dieser Weise verwendest, hast Du ihre Möglichkeiten und Kräfte mehr als unvollkommen genutzt – aber hilfreich sind sie selbst auf diesem Weg. Ich hoffe, dass Du Dich im Laufe Deiner Arbeit diesem wichtigsten Element unserer eigenen Tradition zuwendest und lernst, welche wesentlichen und tiefgründigen Weisheiten die Runen Dich über die Welt und das Leben lehren können, und welche unglaublichen Anderswelt-Kräfte in ihnen ruhen.

## Die Benutzung der Runenzeichen

Zeichne die Rune auf ein Stück Papier, Pergament oder Trommelhaut. Verwende dafür nur schwarze oder rote Farbe. Benutze keine Filzstifte oder Kugelschreiber! Geeignet sind vielmehr Füllhalter, Tusche und Feder oder Pinsel, Bleistifte oder Buntstifte. Betrachte das Aufzeichnen der Rune als wesentlichen Teil des Rituals und erweise ihr und ihren Kräften dadurch Deinen Respekt.

Außer dem Zeichen selbst sollte sich nichts auf dem Papier befinden. Lege das Zeichen vor Dich und betrachte es, während Du Dein Reiseziel formulierst. Wenn Du eine bildhafte Vorstellung von Deinem Reiseziel hast, dann verknüpfe sie vor Deinem inneren Auge mit dem Bild der Rune. Das genügt, um wenigstens einen Teil ihrer Reisekraft zu aktivieren.

Zeichnungen dieser Art gehören nach der Benutzung nicht in den Papierkorb, denn es sind Ritualgegenstände, die Du achtsam behandeln solltest! Hebe sie auf (Du kannst sie immer wieder verwenden) oder verbrenne sie.

Die Runen sind wunderbare „Abkürzungen" zu den Andersweltkräften, die Du auch in Deinem alltäglichen Leben durch Visualisieren aktivieren kannst. Schon allein deshalb lohnt es sich, wenn Du Dich mit ihnen beschäftigst. Ich mache immer wieder die Erfahrung, dass die Runen sozusagen die Nahtstelle zwischen Alltagswelt und Anderswelt bilden, weil sie in beiden Teilen der Welt gleich einfach und schnell zugänglich sind und wirken. Warum das so ist und warum sie in unserer Tradition nicht nur die Grundlage der schamanischen Arbeit darstellen, sondern das Fundament der gesamten magischen und alltäglichen Arbeit, kannst Du in meinem Buch „Runen Leben" nachlesen.

# KAPITEL 12

## Die Anderswelt-Reise

Nun haben wir – bis auf eine Kleinigkeit – alles zusammengetragen, was Du wissen und kennen solltest, um erfolgreich in die Anderswelt zu reisen. Wenn Du jetzt das Gefühl hast, vor einem großen Wust an Informationen zu stehen, der Dich eher hindert, dann denke daran: Nichts wird so heiß gegessen, wie es gekocht wird.

Auf den folgenden Seiten werde ich Dir die Struktur eines einfachen Reise-Rituals vorstellen, das einfach zu verstehen und leicht durchzuführen ist. Du kannst es entsprechend Deinen zunehmenden Reise-Fähigkeiten jederzeit Deinen eigenen Bedürfnissen anpassen, erweitern oder abkürzen.

Die einfachste und kürzeste Möglichkeit, eine Anderswelt-Reise zu machen, beschreibe ich zuerst. Ich denke, diese Form genügt in den meisten Fällen. Danach werde ich Dir ein umfangreicheres Ritual vorstellen, das sich für wichtigere rituelle Feste oder auch für die Arbeit in einer Gruppe eignet. Es macht auch von der rituellen Seite her betrachtet einen großen Unterschied, ob es „nur" um eine Reise für Dich selbst geht, oder ob Kräfte von außen, also die anderer Menschen oder besonderer Zeiten und Orte, mit in die Arbeit eingebunden werden sollen.

## Das einfache Reiseritual

Lege Deine Gerätschaften bereit und bereite den Raum vor, in dem Du reisen wirst.

- Beginne mit dem Dank- und Bittritual.
- Wähle eine Reiserune aus. Zeichne sie auf. Benenne Dein Reiseziel möglichst klar und deutlich. Wenn Du willst, schreibe oder zeichne es ebenfalls auf.
- Bereite Dich durch den Trommelklang vor. Trommele selbst oder höre eine CD.
- Nimm Deine Reisehaltung ein, vergegenwärtige Dir noch einmal Dein Reiseziel, starte die CD mit dem Reiseklang oder gib Deinem musikalischen Gehilfen das Zeichen, mit dem Trommeln oder Rasseln zu beginnen.
- Überlasse Dich der Kraft des Klangs und Deinen „Zielvorrichtungen", um Dich in die Anderswelt tragen zu lassen – warte also einfach ab, bis Du Dich in der Anderswelt wieder findest, oder benutze die Technik des Visualisierens, die ich weiter unten beschrieben habe.
- Gib Dir nach Deiner Reise ein wenig Zeit, wieder in der Alltagswelt anzukommen, dann schreibe Deine Erlebnisse auf oder berichte sie wenigstens Deinem Gehilfen.

Für dieses einfache Reiseritual benötigst Du ungefähr 45 Minuten, wenn Du es ohne Hetze und mit der nötigen Achtsamkeit durchführen willst. Es wird Dir mit zunehmender Übung immer leichter fallen, in die Anderswelt einzutreten, so dass Du theoretisch die Vorbereitungen immer mehr verkürzen könntest. Ich empfehle das aber – außer in eiligen Notfällen – nicht, denn Achtsamkeit und Respekt Dir selbst gegenüber und auch gegenüber der schamanischen Arbeit sollte sich auch darin äußern, dass Du diesen Dingen den ihnen gebührenden Raum in Deinem Leben einräumst.

## Das Visualisieren

Eine Kleinigkeit bleibt noch nachzutragen: Manchen Reisenden fällt es schwer, zu Beginn der Reise einfach die Augen zu schließen und scheinbar passiv abzuwarten, bis sich der Reisezustand einstellt. Aktive Menschen, die gewohnt sind, immer etwas zu tun, damit etwas geschieht, haben oft das Gefühl, sie müssten durch Handlungen selbst etwas zum Gelingen der Reise beitragen.

Rein sachlich gesehen stimmt das nicht, aber wenn es Dir hilft, Deinen Aktivitätsdrang in geordnete Bahnen zu lenken, dann kannst Du die Technik des Visualisierens anwenden.

Es geht einfach darum, einen Weg zu visualisieren, den Du gehen möchtest, um in die Anderswelt zu gelangen. Du kannst einen tatsächlich existierenden Weg nehmen, den Du gut kennst, oder einen Weg, der nur in Deiner Fantasie existiert. Wichtig ist nur, dass Du ihn gut genug kennst, um ihn wirklich bildhaft vor Deinen inneren Augen sehen zu können. Außerdem sollte der Weg nicht zu kurz sein, denn manchmal dauert es ein wenig, bis sich die Anderswelt bemerkbar macht. Sonst gibt es keinerlei Einschränkungen bei Deiner Wahl.

Für Reisen in die Untere Welt hat es sich bewährt, als Reiseweg einen Tunnel oder eine Höhle zu visualisieren. Du kannst ohne weiteres dafür einen künstlichen Tunnel benutzen. Als ich diese Technik ausprobiert habe, habe ich aus einem Grund, an den ich mich heute nicht mehr erinnern kann, als unterirdischen Reiseweg eine S-Bahnstation in Hamburg benutzt. Wenn der Eintritt in den Reisezustand auf sich warten ließ, bin ich dann in meiner Vorstellung auf die Gleise gesprungen und – von Schwelle zu Schwelle hüpfend – in den Tunnel hinein gegangen. Es hat gut funktioniert, auch wenn ich diesen Weg in der Alltagswelt nicht unbedingt empfehlen würde.

Den Eintritt in die Anderswelt erkennst Du daran, dass sich etwas in Deine Bilder hineindrängt, das Du nicht visualisiert hast. Wenn Du über Erfahrungen mit der Technik des Visualisierens verfügst, dann weißt Du, dass Dein Gedanke der Entstehung des inneren Bildes immer ein winziges Stück vorauseilt. Auch wenn Du nicht bewusst darauf achtest, spürst Du, wie Du zuerst den Gedanken formst und wie dann daraus das Bild entsteht.

Wenn Du den visualisierten Weg als Hilfsmittel für den Eintritt in die Anderswelt benutzt, dann ist dieser Augenblick, in dem sich etwas Fremdes, nicht Visualisiertes in Deine Bilder hineindrängt, entscheidend: Das signalisiert Dir nämlich, dass Du in der Anderswelt angekommen bist. Damit der Reisezustand sich entfalten kann, ist es jetzt wichtig, Deine eigenen inneren Bilder loszulassen, also das Visualisieren einzustellen. – Und genau das ist der Haken an dieser Technik.

Ich möchte Dir dafür ein Beispiel geben:

Einer meiner Workshop-Teilnehmer wollte mit dieser Technik arbeiten und erzählte nach der Reise: „Ich habe einen Waldweg visualisiert, den ich sehr gut kenne. Ich bin diesen Weg entlang gegangen, und alles war wie immer, die Bäume, Lichtungen, Bänke und auch die Wegkreuzungen. Doch dann kam ich an eine Stelle, an der sich plötzlich ein Baum mitten auf dem Weg fand. Ich weiß nicht, wo er her kam. Er war einfach plötzlich da – und es ist mir nicht gelungen, um ihn herum zu gehen. Ich habe das ein paar Mal probiert, dann habe ich einfach nochmals am Anfang des Weges begonnen. Aber es passierte wieder genau das Gleiche und als die Reise herum war, hatte ich gerade den dritten oder vierten Versuch gemacht..."

Solche Dinge geschehen durchaus öfter. Obwohl ich den Reisenden immer wieder nachdrücklich einschärfe, sie sollten ihre inneren Bilder loslassen, wenn sich etwas Unerwartetes oder Unbekanntes in sie hineindrängt, vergessen sie es immer mal wieder. Solange Du jedoch auf diesen Punkt achtest, wirst Du feststellen, dass diese Technik des Visualisierens gut brauchbar ist. Die Frage, die Du Dir selbst beantworten musst, ist lediglich, ob die Abwarte-Technik oder die Visualisierungs-Technik für Dich besser geeignet ist.

Viele Menschen sind sich von vornherein sicher, welche von beiden für sie in Frage kommt. Wenn das jedoch nicht der Fall ist, dann empfehle ich immer, beide Techniken auszuprobieren und sich dann für eine zu entscheiden. Du solltest nur vermeiden, zwischen den beiden Möglichkeiten hin und her zu eiern. Wenn Du Dich einmal entschieden hast, dann bleibe auch dabei.

## Das große Reiseritual

Habe ich Dir zuerst die einfachste Möglichkeit geschildert, so folgt jetzt die umfangreiche Variante. Selbstverständlich musst Du es nicht genau so machen. Die Reiserituale gehören nicht zu den traditionellen Ritualen, bei denen es wichtig ist, dass sie völlig exakt und den Vorgaben entsprechend durchgeführt werden müssen, damit ihre Kraft nicht beschädigt wird.

Die Reiserituale gehören vielmehr zu der Gruppe von Ritualen, in denen verschiedene „Bausteine" so zusammengefügt werden, wie es der Person, dem „Ritualmeister", und der Situation am besten gerecht wird.

Wenn Du die Anderswelt-Reise als Teil eines größeren Rituals, zum Beispiel eines Sonnen- oder Mondfestes ausführst, dann verschieben sich möglicherweise einige Teile (die Reinigung des Ortes, die Anrufung der Kräfte) an den Anfang des Gesamtrituals. Hier beschreibe ich dieses Ritual jedoch als zusammenhängendes und in sich abgeschlossenes Element.

## Die Reinigung des Ortes

Je nach Beschaffenheit des Ortes, an dem die Reise stattfinden soll, gibt es unterschiedliche Möglichkeiten:

Im Freien solltest Du einen Reisigbesen oder – wenn es die rechte Jahreszeit dafür ist – einen Stängel Beifuß-Kraut bereithalten, und damit als erstes den Ort zu kehren. Diese Reinigung soll nicht wirklich dazu dienen, Staub, Steine oder Ästchen zu beseitigen, obwohl das nicht schaden kann. Vielmehr geht es darum, im andersweltlichen, magischen Sinn deutlich zu machen, dass Du diesen Ort für eine kurze Zeit für Dich und Dein Ritual beanspruchen und deshalb frei von anderen Kräften haben willst. Solltest Du einen Ort gewählt haben, an dem sich Ortswesen oder andere Wesen befinden, dann ist es ein selbstverständliches Gebot der Höflichkeit, diese vorher um Erlaubnis zu fragen – die gewöhnlich gerne gegeben wird.

Benenne alles, was Du tust, laut! Welche Worte Du dafür benutzt, ist nicht so wichtig, aber es muss gesagt werden, um Dich (und die anderen Teilnehmer) wirklich in jede Handlung einzubeziehen. Wenn Du also den Platz fegst, dann sage: „Ich fege diesen Platz, um ihn für das Ritual zu reinigen!" – „Ich hebe diesen Stein auf, um ihn zur Seite zu tragen, damit ich nicht über ihn stolpere." (Übrigens gehört es zum nötigen Respekt allen Lebewesen gegenüber, den Stein anschließend wieder an seinen angestammten Platz zu legen, oder zumindest der Hoffnung Ausdruck zu geben, dass er sich an seinem neuen Platz wohl fühlen möge.)

Dieses Aussprechen und Benennen Deiner Handlungen gilt für jeden Teil des Rituals. Es hilft nicht nur, die Kräfte der Handlungen zu fokussieren, es ist auch wichtig für die anderen Teilnehmer. Denn sie sollen verstehen, was vor sich geht, damit sie sich an allen Teilen angemessen beteiligen können.

Erst jetzt solltest Du Deine Ritualgegenstände aufstellen. Achte darauf, dass Du nichts vergessen hast! Später loszurennen, weil Du zum Beispiel das Feuer für Deine Räucherkräuter vergessen hast, taugt überhaupt nichts.

## Die Abgrenzung des Ortes

Als nächstes wird die äußere Grenze des Ortes markiert. Dies kann auf sehr unterschiedliche Weise geschehen. Du solltest jedoch nicht der indianischen Tradition folgen, um den Ort herum Maismehl auszustreuen. Ich will nicht lange darauf eingehen, warum das keine gute Idee ist. Es muss genügen, wenn ich sage, dass den Ortswesen und Kräften unseres Landes und unserer Vergangenheit Maismehl einfach nicht „schmeckt". Das ist doch eigentlich ganz logisch – oder?

Ich empfehle vielmehr, entweder eine Spur getrockneten Rainfarn oder Salz auszustreuen. Alternativ dazu kannst Du auch eine lange Kordel oder ein Seil nehmen und damit den Platz umgrenzen. Diese Maßnahmen bilden eine Grenze, die von den meisten Wesen nicht überschritten werden kann. Wenn Du die Reinigung des Ortes mehr als Einladung zur Teilnahme verstehst, dann wäre eine Markierung des Ortes mit (Getreide-)Mehl oder Huflattich angebrachter. (Das Ausstreuen von Mehl hat den andersweltlichen Aspekt einer Einladung zum Essen, Huflattich ist ein Rauchkraut, wie das bei uns nicht heimische Damiana, und signalisiert den Wesen (des Ortes, des Raumes, der Zeit, den Ahnen usw.): „Komm und teile ein Pfeifchen mit mir!"

Manche nehmen auch ein eisernes Messer, um durch eine Ritzung den Ort zu markieren. Das ist jedoch eine völlig ungerechtfertigte Übernahme einer Technik aus der zeremoniellen Magie, die in der schamanischen Arbeit nichts zu suchen hat, da die Spur des Messers eine, wenn auch nur vorübergehende, Verletzung von „Mutter Erde" bedeutet.

Wenn Du in geschlossenen Räumen arbeitest, ist es möglicherweise (je nach Zweck des Rituals) sinnvoll, zu Beginn ein Fenster zu öffnen, um mit dieser alltagsweltlichen Geste die Geister zur Teilnahme einzuladen und ihnen den Zugang zu erleichtern.

## Die Abgrenzung der Zeit

Markiere den eigentlichen Beginn des Rituals mit einem Klang. Du kannst Deine Rassel nehmen und rasselnd den Ort einmal umschreiten. Es ist auch möglich, einen Metallklang zu benutzen, eine Glocke, eine Klangplatte oder ersatzweise einen Gong. Während Du in der Mitte des Ortes stehst, schlägst Du das Metall dreimal an (je ein Schlag für jede der drei Kräfte). Dabei drehst Du Dich langsam um Dich selbst. Beachte: Der Metallklang darf erst wieder als Abschluss des Rituals zu hören sein, keinesfalls währenddessen!

Damit sind alle Vorbereitungen getroffen. Das Ritual kann beginnen. Alle Teilnehmer und alle benötigten Ritualgegenstände sollten sich jetzt innerhalb des abgegrenzten Ortes befinden. Entzünde je nach den räumlichen Gegebenheiten ein kleines Feuer, eine Kerze oder eine Öllampe. (Auch wenn es Dir lächerlich vorkommt, respektiere die örtlichen Vorschriften über den Umgang mit offenem Feuer im Freien!)

## Einladung und Begrüßung

Ergreife Deine Rahmentrommel. Falls Du so etwas nicht besitzt, kannst Du ersatzweise auch eine Rassel nehmen. Allerdings ist eine Rahmentrommel im Prinzip vorzuziehen. Begrüße zunächst jeden einzelnen menschlichen Teilnehmer. Gehe herum, bleibe vor jeder/jedem stehen und nenne deutlich seinen/ihren Namen: „XX ist gekommen, um an unserem Ritual für YY teilzunehmen." Teile der Welt diese Teilnahme durch einige Trommel- und Rasselschläge mit. Solltest Du ein schlechtes Namensgedächtnis haben (so wie ich), das der Fülle der Teilnehmer nicht gewachsen ist, dann bitte (vorher) alle, sich selbst der Welt bekannt zu machen, wenn Du vor ihnen stehst. Du bekräftigst das „Ich, XX, bin gekommen, um an dem Ritual YY teilzunehmen", nur mit einigen Trommelschlägen.

Dieser Teil des Rituals ist wichtig. Einerseits geht es nochmals darum, allen Beteiligten Ort, Zeit und Vornahme deutlich zu machen, andererseits ist es wichtig, das Vorhaben und seine Teilnehmer den Wesen der Welt bekannt zu machen.

Wenn Du die menschlichen Teilnehmer begrüßt hast, wendest Du Dich als nächstes an die anderen Wesen, die Du ebenfalls benennst und mit einigen Trommelschlägen zur Teilnahme einlädst. Die Worte sind wieder in Dein Belieben gestellt. Sie könnten sich zum Beispiel so anhören (nach jedem Satz einige Trommelschläge):

„Ich lade alle wohlwollenden Wesen dieses Ortes ein, an unserem Ritual teilzunehmen und ihre Kräfte mit den unseren zu vereinen.

Ich lade alle wohlwollenden Bewohner dieser besonderen Zeit und dieses Augenblicks ein, an unserem Ritual teilzunehmen und ihre Kräfte mit den unseren zu vereinen.

Ich lade alle wohlwollenden Wesen und Geister der Erde, des Wassers, des Feuers und der Luft ein. Ich lade die wohlwollenden Wesen des Flusses (falls in der Nähe vorhanden), der Wolken und der Winde ein, an unserem Ritual teilzunehmen...

Ich lade die wohlwollenden Geister der Tiere, der Pflanzen und der Steine ein, an unserem Ritual teilzunehmen…

Ich lade auch die wohlwollenden Ahnengeister aller Teilnehmerinnen und Teilnehmer ein, ...

Ich lade auch die Seelen unserer/meiner Trommel/Rassel ein, …

(Der nächste Satz richtet sich nach Deinem/Eurem Glauben!)

Ich bitte ebenfalls die Götter/Gott/die Welt um ihr Wohlwollen, um Duldung, Zuneigung oder Unterstützung, denn ohne die Götter / ohne Gott / ohne die Welt ist nichts wohl getan."

Es geht bei dieser Aufzählung keinesfalls darum, ein Kunstwerk aus den Worten zu formen. Im Gegenteil! Je einfacher und gleichförmiger die Aufzählung, desto stärker ist ihre Wirkung. Lege Dir die Worte vorher zurecht und benutze sie dann immer wieder in der gleichen Form. Vergiss nicht, immer das Wort „wohlwollend" einzufügen, um unangenehmen Besuch zu vermeiden. Vergiss auch keine Gruppe, denn wer nicht eingeladen wird, kommt nicht oder möglicherweise so ungeordnet, dass das Ritual gestört werden könnte.

Gib allen Eingeladenen Zeit zu erscheinen und sich umzuschauen. Dies ist ein guter Moment des Schweigens, den Du ruhig auf einige Minuten ausdehnen kannst. Wir heutigen Mitteleuropäer können jeden Augenblick des Schweigens gut gebrauchen, um unsere Achtsamkeit für die Wesen und Kräfte zu schärfen.

## Das Dank- und Bittritual

Führe als nächstes das Dank- und Bittritual durch, wie ich es bereits beschrieben habe. Danke auch allen Wesen, die gekommen sind, für ihre Teilnahme. Hier ist es nicht nötig, sie wieder alle aufzuzählen. „Ich danke allen Wesen, die gekommen sind, um an unserem Ritual teilzunehmen, für ihre Mühe und ihre Achtsamkeit!" Wenn mehrere Personen teilnehmen, gibt es jetzt zwei Möglichkeiten:

Entweder Du führst das Räuchern und Rasseln stumm durch und gibst so jedem Teilnehmer die Möglichkeit, für sich ebenfalls stumm seinen eigenen Dank und seine Bitte zu sprechen, oder aber Du tust dies stellvertretend für alle laut und gibst durch eine lange Pause zwischen dem Räuchern und dem Rasseln jedem Gelegenheit, seine eigenen Gedanken anzuhängen.

Bei Heilungsritualen und noch einigen anderen Gelegenheiten bitte ich jeden einzelnen, seine Gedanken laut auszusprechen und dem zu Heilenden seine Hilfe anzubieten. Außerdem sollte jeder auch eine entsprechende Bitte formulieren. (Weise Deine Teilnehmer vor Beginn des Rituals darauf hin, was von ihnen erwartet wird, damit sie sich darauf vorbereiten können.)

## Das Hier und Jetzt

Nun geht es darum, die Kräfte aller Anwesenden zu bündeln und auf das gemeinsame Ziel zu richten. Außerdem musst Du den menschlichen Teilnehmern helfen, soweit wie möglich in das Hier und Jetzt zu gelangen. Auch in einem solchen Ritual ist das Trommeln oder ganz allgemein die schamanische Musik dafür am besten geeignet. Wenn Du ein Ritual für Dich alleine durchführst, dann kannst Du Dich mit Deiner Trommel auf den Boden setzen.

Sind mehrere Teilnehmer anwesend, dann wirkt ein einfacher Kreistanz besser. Entweder verfügt jeder über ein Instrument (Trommel, Rassel, Klapper, Pfeife) oder Du schlägst Deine Trommel für alle. Du kannst die Trommel entweder in einem völlig gleichmäßigen Rhythmus schlagen, der wie von selbst zu einem wiegenden oder stampfenden Wechselschritt führt, oder aber Du verwendest einen der einfachen Rhythmen, die in meinem Buch über schamanische Ritualmusik beschrieben werden.

Wenn nur wenig Platz vorhanden ist, können die Teilnehmer auch auf der Stelle tanzen, indem sie einfach „von einem Fuß auf den anderen treten".

In jedem Fall ist wichtig: Es geht weder beim Tanzen noch beim Trommeln darum, Kunstfertigkeit zu zeigen oder durch irgendwelches Brimborium zu demonstrieren, wie toll man doch ist! Leute, die beim Tanzen exzessiv ihre Arme und Beine durch die Gegend schmeißen oder beim Trommeln rhythmische Mätzchen machen, sind automatisch disqualifiziert und sollten des Platzes verwiesen werden!

Ich meine das völlig ernst. Die Kunst des schamanischen Trommelns und Tanzens besteht in der völligen Zurücknahme der Persönlichkeit. Das Ego hat in diesen Dingen einfach keinen Platz – und die einfachen, gleichförmigen und monotonen Schläge und die eigentlich gar nicht existenten Tanzschritte funktionieren nun einmal am besten. Auch wenn es schwer fällt, so muss sich doch jeder zurücknehmen, sein Ego zur Seite stellen und den Kräften Raum geben, um das Ritual nicht zu zerstören. Das gilt nicht nur für Dich als Ritualleiter, sondern auch für alle Teilnehmer. Also achte darauf, dass niemand aus der Rolle fällt. Das gehört zu Deinen Pflichten als Ritualleiter. (Solche Dinge klärst Du natürlich vor Beginn des Rituals, wenn Du Neulinge unter den Teilnehmern hast!)

## Die Anderswelt-Reise

Hier gibt es jetzt wieder zwei Möglichkeiten: Entweder reisen alle Teilnehmer, dann ist es Deine Aufgabe, zu rasseln oder die nordische Trommel zu schlagen, oder Du hast vorher einen Teilnehmer mit der Aufgabe betraut und Dich vergewissert, dass er/sie auch weiß, was zu tun ist. Oder Du reist alleine und lässt Dich von den anderen durch ihre Kräfte bei Deiner Aufgabe unterstützen. In diesem Fall sollte sich jemand finden, der für Dich rasselt oder trommelt. Wenn Du alleine reist, bestimmst Du selbst die Dauer der Reise nach Deinen Bedürfnissen. Ansonsten solltest Du Dich an die üblichen 15 Minuten halten.

Nach Beendigung der Reise wird, wenn alle gereist sind, reihum berichtet, oder Du erzählst den anderen, was Dir auf Deiner Reise widerfahren ist.

## Das Ende des Rituals

Bei einem größeren Ritual wird auch das Ende markiert. Danke mit einer Räucherung allen, die mitgewirkt haben, sprich Deinen Dank an Gott, die Welt oder die Götter und verabschiede alle Wesen, die Du eingangs eingeladen hast, ebenfalls mit einem Klang. Bestimme das Ende der Ritualzeit mit einem dreifachen Metallklang. Wenn Du einen Kreis ausgelegt hast, dann öffne ihn an einer Stelle, um den Ort wieder freizugeben und bitte alle Teilnehmer, Dir dabei zu helfen, den Ort wieder in seinen ursprünglichen Zustand zu versetzen.

Vergiss niemals, dass zu jedem Ritual, gleich wie ernst der Anlass ist, auch eine Feier gehört. Jetzt ist sozusagen der Augenblick für Bier und Wurst gekommen, für Fröhlichkeit, Tanz oder andere Vergnügungen, die Dir/Euch in den Sinn kommen. In den Traditionen aller Völker gehört die Feier der Lust zu jedem Ritual, sogar zu den Übergangsritualen für Verstorbene, denn das rechte Maß der Kräfte soll und muss im Ritual gewahrt bleiben. Außerdem hat das Feiern und der Genuss von „Bier und Wurst" (hier stellvertretend für die von Dir bevorzugten Genussmittel genannt) den Vorteil, Dich sehr schnell wieder zu „erden", Dich wieder in die Alltagswelt zurück zu bringen.

# TEIL III

# Das haben wir davon

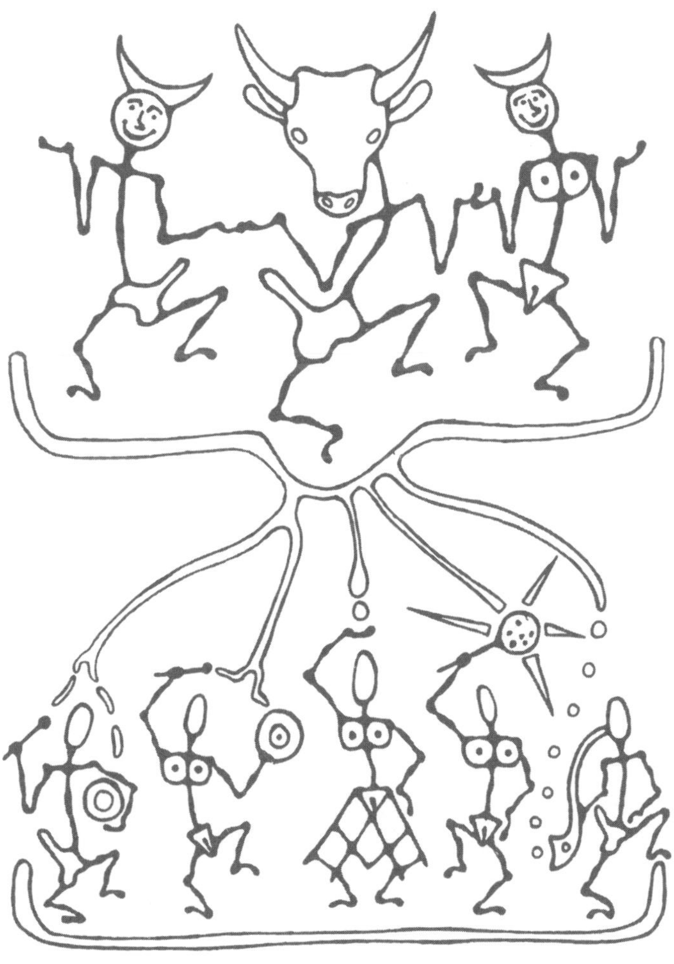

# KAPITEL 13

# Alltag und Anderswelt – Die Einheit des großen Musters

Selbst mit einiger Erfahrung in der Kunst des Reisens wird Dir die Anderswelt immer noch sehr geheimnisvoll vorkommen. Das liegt gewiss zum einen daran, dass wir Mitteleuropäer im Gegensatz zu vielen anderen Völkern dieser Erde in unserer Kultur kein Wissen über diesen Teil der Welt haben, eben weil der Schamanismus bereits vor weit mehr als 1000 Jahren aus unserem Leben verbannt wurde.

Das haben wir der römischen Besetzung und der auf sie folgenden Christianisierung zu verdanken, die unser eigenes Kulturerbe weitgehend ausgelöscht haben.

Zum anderen liegt es daran, dass Dir im selbstverständlichen Umgang mit der Anderswelt die vielen Jahre persönlicher Erfahrung fehlen, die Du mit der alltäglichen Wirklichkeit in Deinem Leben sammeln konntest.

Nun bist Du also dabei, dieses Defizit aufzufüllen. Keine leichte Aufgabe! Wenn Du in einer der noch überall auf der Welt existierenden schamanischen Traditionen aufgewachsen wärest, dann hättest Du vom ersten Tag an das selbstverständliche Miteinander von Alltagswelt und Anderswelt, ihre Querbezüge und ihre gegenseitigen Abhängigkeiten mitbekommen.

Da das bei Dir wie bei allen heutzutage in Europa aufgewachsenen Menschen wahrscheinlich nicht der Fall ist, gibt es einen großen Nachholbedarf für Dich.

Die schwierigsten Verständnisprobleme können gleich am Anfang versteckt sein: Möglicherweise neigst Du dazu, die Anderswelt für etwas ganz besonderes, außergewöhnliches, eben geheimnisvolles zu halten, weil Du sie nicht richtig kennst – und Deine Mitmenschen noch viel weniger.

Das ist jedoch falsch und kann zu zahllosen Missverständnissen führen. Die Anderswelt ist nicht besonders, sie ist auch nicht außergewöhnlich. Die Anderswelt ist ebenso "normal" wie die alltägliche Wirklichkeit. Die beiden Teile der Welt unterscheiden sich lediglich stark voneinander – und der eine kommt Dir nur deshalb geheimnisvoller vor als der andere, weil Du ihn weniger kennst.

Tatsächlich gehören Alltagswelt und Anderswelt untrennbar zusammen. Gemeinsam mit einem dritten Teil der Welt, dem des Göttlichen und Numinosen, bilden sie eine unauflösbare Einheit. Wenn Du lernst, in die Anderswelt zu reisen, forderst Du im Grunde genommen nur Dein Geburtsrecht als Mensch ein: Auch wenn wir Menschen – anders als andere Wesen – überwiegend in der Alltagswelt zu Hause sind, so „erstrecken" wir uns doch auch gleichzeitig in die beiden anderen Teile. Das heißt: Wir leben immer und jederzeit mit einem Teil von uns in der Anderswelt, auch wenn wir dies gewöhnlich nicht bemerken.

Während unsere Alltagswelt von den Gesetzen der Kausalität beherrscht wird, während ihre Grundbausteine Materie, Energie und Information sind, herrscht in der Anderswelt das Gesetz der Synchronizität, und ihre Grundbausteine sind die (geistigen) Kräfte, Sinn und Bedeutung.

Erinnere Dich an das Wort des Chirurgen Virchow, der gesagt hat, er habe Tausende von Leichen seziert und nie eine Seele gefunden! Er hat die Seele im falschen Teil der Welt gesucht, in der Alltagswelt, zwischen den Atomen und den noch kleineren Grundbausteinen der Materie und damit einen Kategorial-Irrtum begangen. Sinn, Kraft und (Bedeutungs-)Muster gehören ebenso wie die Seele in die Anderswelt und lassen sich auch nur mit den Mitteln der Anderswelt auffinden!

Die Psychologen haben eine „Werte-Pyramide" entwickelt (Maslow'sche Bedürfnis-Pyramide), in der die menschlichen Grundbedürfnisse in der Reihenfolge ihrer Wichtigkeit geordnet werden. An erster Stelle steht das Bedürfnis nach materieller Sicherheit, nach Nahrung und körperlichem Wohlbefinden. An zweiter Stelle findest Du in dieser Pyramide das Bedürfnis nach Ansehen, Anerkennung und Zuwendung, an dritter Stelle das Bedürfnis nach Sinn und Bedeutung (im Leben).

Der erste Teil dieser Bedürfnisse lässt sich in der Alltagswelt befriedigen und unsere europäische Zivilisation hat sich so entwickelt, dass die darüber hinaus gehenden Bedürfnisse im Laufe der Zeit einfach weggefallen sind. Deshalb stehen heute auch so viele Menschen ziemlich ziel- und orientierungslos da, deshalb auch konnten unsere Kenntnisse von der Anderswelt scheinbar ungestraft verloren gehen.

Um Missverständnisse zu vermeiden: Die christlichen Religionen sind kein Ersatz für den Umgang mit der Anderswelt. Sie zielen auf einen jenseitigen, außerhalb der Welt liegenden Erfahrungsraum, während die Anderswelt schlicht ein Teil der uns umgebenden Wirklichkeit ist, in dem sich Sinn und Bedeutung manifestieren.

Kommen wir also zum Kern der Angelegenheit: Jeder Mensch verfügt über drei unterschiedliche Wahrnehmungsarten und drei Arten des Umgangs mit der Welt, denen jeweils ein Teil der Welt entspricht. Unsere sechs Sinnesorgane und die durch sie entstehenden Wahrnehmungen richten sich auf den alltäglichen Teil der Welt. Unser Empfinden für Sinn, Bedeutung, Kraft und die Muster des Lebens richtet sich auf die Anderswelt. Unsere Einsicht in das Numinose, das Göttliche in der Welt richtet sich auf die Jenseitswelt.

So leben wir Menschen in einer Welt, die aus drei Teilen besteht:

Alltagswelt

Anderswelt

Jenseitswelt

Was mit uns und der Qualität unseres Lebens geschieht, wenn wir einen oder sogar zwei davon vergessen, verleugnen oder verdrängen, können wir an unserer eigenen Zivilisation zunehmend deutlich beobachten: Sinnleere, Orientierungslosigkeit, Zweifel an der Bedeutung des Daseins machen uns und unsere Umwelt krank, sorgen dafür, dass sich das Leben in immer schnelleren Tempo um eigentlich nichts dreht, erheben sinnentleerten Fortschritt (mehr, mehr, mehr...) zum Götzen Wohlstand und führen mit zunehmender Wahrscheinlichkeit dazu, dass wir selbst die Welt zerstören.

Mit dem Betreten der Anderswelt, mit der Einsicht in die Tatsache, dass die Anderswelt tatsächlich ein realer, wesentlicher Teil unserer Existenz ist, hast Du den wesentlichen Schritt zu einer Änderung bereits getan:

In der Alltagswelt bist Du ein Haufen von Molekülen, ein biochemisches System, ein den Zwängen von Ursache und Wirkung unterworfenes Wesen, eigentlich nur ein Ding – und das bist Du in diesem Teil der Welt tatsächlich und so stellst Du Dich den Wahrnehmungsmöglichkeiten dieses Teils der Welt auch dar.

Allerdings bist Du noch mehr: In der Anderswelt bist Du in den Zusammenhang aller Bedeutungen eingebettet, hast einen Sinn, einen Lebenssinn, den Du mit allen anderen Wesen der Welt teilst, erschaffst mit Deinen Handlungen und Gedanken zusammen mit allen anderen Wesen die Erscheinungen der Welt – kurz: In der Anderswelt bist Du Teil des Großen Musters, das Sinn und Bedeutung der Welt ausmacht.

Damit hast Du schon sehr viel gewonnen, selbst wenn Du mit Deiner Kenntnis der Anderswelt nichts anderes anfangen würdest, als nur zu wissen, dass sie existiert und dass auch Du zu einem Teil in ihr lebst. Denn hier offenbart sich Dir der andere Teil von Dir, der Teil, der mit der Sinnhaftigkeit Deines Lebens zu tun hat.

Es geschieht allerdings noch mehr: Dein Anderswelt-Anteil, der ständig vorhanden ist, der ständig lebt, der ständig mit anderen Wesen interagiert, bestimmt immer einen Teil Deines Lebens, selbst wenn Du ihn nicht kennst und diese Zusammenhänge nicht bewusst bemerkst. Wenn Du aber in die Anderswelt reist und die Wesen kennen lernst, die überwiegend in der Anderswelt leben und sich nur mit einem Teil ihrer Existenz (oder Wirkungen ihres Lebens) in der Alltagswelt auswirken, dann erfährst und erlebst Du diese Einflüsse unmittelbar und intensiv.

Es gibt einen ständigen Austausch zwischen allen Teilen der Welt, den wir gewöhnlich nur nicht bewusst wahrnehmen. Die Wesen der Anderswelt wirken in die Alltagswelt hinein, so wie wir in die Anderswelt hineinwirken: Sinn, Bedeutung und Muster manifestieren sich in der Alltagswelt, indem sie der entropischen Entwicklung eine Form und eine Richtung geben, in der Bewusstsein und Seele überhaupt erst entstehen konnten, während das Gegengewicht der Alltagswelt dafür sorgt, dass sich die Wildheit der Anderswelt nicht in sinnentleertes Chaos auflöst.

Einfach gesagt: Als Mensch bestehst Du aus Körper, Geist und Seele. Du lebst in den drei Teilen der Welt, in Alltagswelt, Anderswelt und Jenseitswelt. Jeder dieser drei Teile ist für Deine Existenz gleich wichtig: Dein Alltagswelt-Anteil (bei uns Menschen ist das der größte) sorgt dafür, dass Du eine feste Einheit bildest, dass Du ein Individuum mit einer Geschichte und einem Bewusstsein bist. Dein Anderswelt-Anteil bewirkt, dass Du Dich mit allen anderen Wesen der Welt in einem Bedeutungszusammenhang befindest, der in der Tat dafür sorgt, dass die Welt sich ständig selbst erschafft (die Schöpfung ist noch lange nicht zu Ende!), dass sie nicht zufällig hin und her eiert, sondern einem Plan folgt.

Du könntest jetzt denken, dass hier eine in Wirklichkeit einfache Sache in große Worte eingekleidet wird: Du begibst Dich in einen veränderten Bewusstseinszustand, schaltest Deine Wahrnehmung „auf Anderswelt" und begegnest dabei ein paar komischen Typen. Das ist doch alles – oder?

Es ist eben nicht alles, ganz im Gegenteil! Ich will versuchen, Dir das an einem Bild deutlich zu machen:

Materie und Energie, Raum und Zeit, daraus besteht unser Körper, darin entsteht, lebt und vergeht er, den Gesetzen der Alltagswelt gehorchend.

Unser Geist und unsere Seele bestehen aus geistigen Kräften, aus Sinn und Bedeutung. Darin leben sie in einem großen Muster zusammen mit allen anderen Wesen der Welt.

Erst im Zusammenklang von Körper, Geist und Seele entsteht der Mensch. Deshalb sind auch alle drei Teile gleich wichtig, solange wir als Menschen lebendig sind. Aus diesem Zusammenklang entsteht und besteht aber auch die Welt. Alle Teile reagieren aufeinander und miteinander: Wenn wir in die Anderswelt reisen, beeinflusst dieses (nicht-materielle) Geschehen unser physiologisches Strickmuster, unseren materiellen Teil. Wenn unser Körper von außen Änderungen ausgesetzt wird, reagiert auch unser Geist, unsere Seele: Alle Teile hängen unauflöslich miteinander zusammen und beeinflussen sich gegenseitig. So ist es mit unserem gesamten Leben, mit der Welt: Der Sinn in der Welt, die Bedeutungen des Großen Musters beeinflussen unser Handeln, und unser Handeln verändert (wenn auch nur in kleinem Maße) die Welt.

Wenn Du Dich in der Anderswelt befindest, dann befindest Du Dich unmittelbar in dem Teil der Welt, der aus Kraft, Sinn, Bedeutung und Mustern besteht. Wo sonst, wenn nicht hier, hast Du einen unmittelbaren Zugang zu diesem Teil Deines Lebens?

Materie, Energie, Raum und Zeit bestimmen immer und überall Dein Leben. Auch wenn Du Dich in der Anderswelt befindest, tickt Deine biologische Uhr weiter. Gleichzeitig aber bestimmen Sinn, Kraft, Bedeutung und Muster immer und überall Dein Leben, auch wenn Du Deine Aufmerksamkeit gerade auf den alltäglichen Teil der Welt gerichtet hast.

Die Anderswelt, Dein Umgang mit der Anderswelt kann und sollte Dich lehren, dass alle diese Erscheinungen der Welt immer und überall gleichzeitig auf Dich wirken. Du lebst in Materie und Energie, Du lebst in Sinn und Bedeutung und Du lebst im Göttlichen der Welt. Lerne aus Deinen Begegnungen mit der Anderswelt, dass Wissenschaft, Magie und Glauben gleichzeitig in der Welt sind, dass Wissen, Weisheit und Einsicht die Fähigkeiten Deiner Wahrnehmung und Deiner Lebensführung darstellen, erfahre, dass naturgesetzliche Kausalität, magische Synchronizität und göttliche Essenz den Lauf der Welt bestimmen!

Selbst wenn Du in der Anderswelt nichts weiter bewegst oder bewirkst, kann die Erfahrung ihrer Existenz all das für Dich bedeuten und Dein Leben so ändern, reicher, vollständiger, schöner und spannender machen.

Das ist erst einmal das wirklich Grundsätzliche, das die Bekanntschaft mit der Anderswelt für Dich tun kann: Sie gibt Dir das Staunen über die Welt zurück, das wir Europäer verloren haben. Sie schenkt Dir zusätzliche Werkzeuge für den Umgang mit der Welt und hilft Dir so, Dein Leben vollständiger und auch spannender zu machen. Damit fängt es aber eigentlich erst an!

# KAPITEL 14

# Die beseelte Welt – Achtsamkeit, Respekt, Zuneigung

Im vorangegangenen Kapitel ging es um etwas, das sich vielleicht am besten als „allgemeines Lebensgefühl" definieren ließe, um die tiefe, aus eigener Erfahrung entstandene Gewissheit, dass die Welt umfassender und vollständiger ist, als wir Westler uns gemeinhin träumen lassen und dass sie auch einen Sinn und unser Leben damit eine Bedeutung hat.

Jetzt wenden wir uns einem Aspekt zu, der wahrscheinlich eine noch unmittelbarere Wichtigkeit für Dein tägliches Leben erlangen wird: Im Laufe Deiner Anderswelt-Reisen wirst Du lernen, dass es in der Anderswelt keine Dinge gibt, sondern nur Wesen. Du kannst auch sagen: Alles, was ist, ist lebendig und hat eine Seele.

Was heißt in diesem Fall lebendig sein, eine Seele haben? Lebendig und beseelt sein heißt, dass ein Wesen einen eigenen Sinn und Zweck im Leben hat, dass es wahrnimmt, empfindet, „denkt" (nicht notwendig so wie wir Menschen), dass es mit anderen Wesen in Verbindung treten kann – und so weiter.

So, wie wir Menschen lebendig sind, so sind es auch die Tiere, Pflanzen, Steine, die anderen Wesen, ja, sogar die Götter. In diesem einen Punkt unterscheiden wir Wesen uns alle nicht voneinander.

Die Fachleute nennen diese Einsicht „Animismus", den Glauben an die Beseeltheit der Welt in allen ihren Erscheinungen. Der Animismus gilt als primitiver Vorläufer der Hochreligionen aus einer Zeit, als die Menschen noch ein magisches, unaufgeklärtes Weltbild hatten. In unserem aufgeklärten, „modernen" Weltbild glaubten wir zu wissen, dass nur der Mensch eine Seele hat. Heute erzählt uns die Wissenschaft, dass auch der Mensch unbeseelt ist, dass sein Denken, Empfinden und Handeln von biochemischen Vorgängen gesteuert wird, dass es den freien Willen, die Bewusstheit des Unabhängigen Ichs gar nicht gibt, dass auch der Mensch – wie alle anderen Dinge der Welt – mehr oder weniger eine Maschine ist.

Merkwürdig, nicht wahr? Aber das eine ist die zwangsläufige Folge des anderen! Wer an irgendeiner Stelle anfängt, die Beseeltheit der Welt zu leugnen, wird zwangsläufig im Laufe der Zeit dazu kommen, sie überall und immer zu leugnen. Der Grund dafür ist ganz einfach: In diesem Punkt der Beseeltheit sind sich alle Wesen gleich. Wenn ich nun anfange, die Begriffsbestimmungen so hin und her zu rücken, dass sie den größten Teil der Wesen ausnimmt, dann wird die Logik mich zwangsläufig irgendwann zu der Feststellung führen, dass kein Teil der Welt beseelt ist, auch nicht der Mensch!

Jede Wissenschaft beruht zunächst einmal auf Erfahrung, auf der Beobachtung der Welt. Wenn man einen Teil der Erfahrungen, die jeder Mensch für sich und gemeinsam mit anderen machen kann, für unzulässig erklärt und sie mit dem gehörigen Nachdruck verhindert, dann verschwindet dieser Erfahrungsbereich letzten Endes aus dem Bewusstsein einer Kultur. So ist es auch uns geschehen.

Allerdings stehen viele Menschen heutzutage da und bemerken, dass ihnen etwas fehlt, dass ihnen ein Teil ihrer Welterfahrung einfach genommen worden ist, dass sie eine Leere in sich haben, die darauf wartet, wieder gefüllt zu werden.

(Anmerkung: Es wäre übrigens falsch und hieße, das Kind mit dem Bade auszuschütten, wenn wir die Wissenschaft jetzt verteufeln und in der Garderobe der Geschichte ablegen wollten. Die notwendige Korrektur ist einfach und sogar schon von den Wissenschaftstheoretikern (Gödel) selbst geleistet worden: Es genügt die Einsicht, dass die wissenschaftliche Betrachtungsweise der Welt Grenzen hat und dass es jenseits dieser Grenzen noch etwas anderes gibt – mit dem wir uns unter anderem auf dem Weg der schamanischen Reise beschäftigen.)

Du wirst also im Laufe Deiner Anderswelt-Erfahrungen lernen, dass alles in der Welt ein Wesen ist – und damit belebt und beseelt. Das ist aber erst der Anfang! Der regelmäßige Umgang mit der Anderswelt wird Deine Wahrnehmung im Laufe der Zeit so schärfen, dass Du das Belebte auch in der Alltagswelt wahrnehmen kannst. – Und glaube mir: Aus eigener Erfahrung und unmittelbarer Anschauung zu wissen, dass alles beseelt ist, bedeutet etwas ganz anderes als eine abstrakte philosophische Erkenntnis. Die Schmerzen eines durch die Umweltverschmutzung erkrankten Baumes unmittelbar zu spüren, wenn Du neben ihm stehst, hat eine ganz andere Kraft und Eindringlichkeit, als das allgemeine „grüne" Wissen darum, dass wir unsere Welt gut behandeln müssen, um in ihr überleben zu können.

Doch Vorsicht! Jetzt zu glauben, ohne unser menschliches Fehlverhalten wäre die Welt ein Paradies, in dem Löwe und Lamm friedlich zusammenleben können, wäre ebenso falsch wie die rücksichtslose Ausbeutung unserer Zivilisation! „Fressen und gefressen Werden" ist nun einmal das Prinzip der Nahrungskette, an dem auch unsere schönsten und feierlichsten Anderswelt-Einsichten nicht rütteln können.

Ich kenne kaum einen Schamanen, der Vegetarier ist, und die meisten würden Dir erklären, dass der Unterschied zwischen einer Pflanze und einem Tier hauptsächlich darin besteht, dass letztere lauter schreien können. Alle Wesen sind unsere Seelenverwandten, seien es Pflanzen, Tiere oder Steine, und wir ernähren uns von ihnen so, wie sie sich von uns ernähren, wenn wir uns nicht zur Wehr setzen. (Das gilt auch heute noch, obwohl sich unsere Fressfeinde eher in mikroskopischen Größenordnungen bewegen – Viren, Bakterien.)

Es geht keinesfalls darum, eine „Friede-Freude-Eierkuchen"-Mentalität zu entwikkeln, die den tatsächlichen Gegebenheiten der Welt (Alltagswelt und Anderswelt) nicht gerecht werden kann. Vielmehr geht es darum, unsere Achtsamkeit gegenüber der Welt und unseren Respekt für unsere Mit-Lebewesen so weit zu schärfen, dass wir durch unsere Handlungen nicht mehr Schaden anrichten als unbedingt nötig ist.

Achtsamkeit und Respekt sind Schlüsselwörter im schamanisch orientierten Leben. Achtsamkeit heißt, die Wahrnehmung für die Welt so weit zu schärfen, wie es menschenmöglich ist. Achtsamkeit heißt, Alltagswelt und Anderswelt kennen zu lernen, sich in ihnen aufmerksam zu bewegen. Achtsamkeit heißt, anderen Wesen gegenüber, die nun einmal anders sind als Du, nicht unduldsam zu sein, sie zu verstehen und nicht zu verurteilen, sie kennen zu lernen, ihr Handeln und die Folgen ihrer Handlungen in der Welt wahrzunehmen. Achtsamkeit heißt aber auch, Dich selbst wahrzunehmen, Deine Handlungen und die Folgen Deiner Handlungen für andere Wesen („Beachte die Folgen Deiner Handlungen bis in die siebte Generation!"). Letzten Endes heißt Achtsamkeit eben, nicht nur unsere Einbettung in die Alltagswelt zu sehen, sondern auch unsere Verwobenheit mit dem Großen Muster aus Sinn, Kraft und Bedeutung – und die einzelnen Elemente sorgsam gegeneinander abzuwägen.

Achtsam sein heißt friedlich zu leben, weil Du die Lebensrechte und Lebensbedürfnisse der anderen Wesen um Dich herum erkennst und respektierst. Achtsam sein heißt aber auch, wehrhaft und kampfbereit zu sein, Dich Deiner Haut zu wehren, wenn Dein Leben und Deine Existenz auf eine Weise bedroht werden, die Du nicht hinnehmen kannst.

Wir neigen dazu, in diesen Dingen „die Indianer" als unsere großen Vorbilder zu nehmen und uns ein rosarotes Bild von ihnen zu malen. Doch auch sie haben nicht nur gegen „den weißen Mann" gekämpft. Schon vor der Zeit der Kolonialisierung haben die Indianer untereinander gekämpft, innerhalb ihres Stammes und zwischen den Stämmen. Ich will hier nicht untersuchen, wieso, warum und weshalb dies geschah. Das kannst Du in anderen Büchern nachlesen.

Es geht mir nur darum zu zeigen, dass Achtsamkeit und Respekt nicht notwendig zu einem gewaltlosen Umgang mit der Welt führen. Wehrhaftigkeit und Kampf gehören in diese Welt, weil sie nun einmal nicht friedlich ist. Die Schamanen kämpfen sogar in der Anderswelt. (Lies einmal die von den Ethnologen zusammengetragenen Berichte alter Schamanen über ihre Anderswelt-Erlebnisse. Du wirst darüber staunen, ein wie großer Teil der schamanischen Arbeit die kämpferische Auseinandersetzung mit „Geistern" ist!)

Achtsamkeit und Respekt führen vielmehr zu der Einsicht, dass die Welt besser sein könnte, als sie es tatsächlich ist, und dass es zu den Aufgaben aller Wesen gehört, sie zu einem besseren Ort zu machen. Achtsamkeit führt zu einem sorgsamen Umgang mit den „Ressourcen" der Welt – um ein modernes Wort dafür zu verwenden. Das heißt: Nimm Dir, was Du wirklich brauchst, aber keinesfalls mehr als das. – Und nimm so, dass der zwangsläufig durch Dein Nehmen angerichtete Schaden so gering wie möglich bleibt.

Doch was brauchst Du wirklich? Der regelmäßige Umgang mit der Anderswelt wird Deine Vorstellungen von den Bedürfnissen und Notwendigkeiten zwangsläufig ändern. Ich will mich hier nicht in Platitüden ergehen, dass innerer Reichtum wichtiger ist als äußerer, dass Weisheit und Einsichten in Dir wichtiger sind als wirtschaftliches Wachstum, dass die Erkundung Deines Selbst in der Alltags- und der Anderswelt spannender sind als weite Reisen, dass Deine Trommel und das „Dem Klang der Welt Lauschen" wichtiger und einträglicher ist, als von Eso-Workshop zu Workshop zu flitzen...

Das wäre eine in meinen Augen unerträgliche Bevormundung, auch wenn ich diese Werte für mich so bestimme. Achtsamkeit heißt vielmehr: Finde heraus, was Du in der Welt wirklich willst, wo der Platz ist, an den Du gehörst – und dann sorge mit großem Respekt vor anderen Lebewesen und vor Dir selbst dafür, dass Du bekommst, was Du willst.

Die Anderswelt und ihre Wesen werden Dir dabei helfen. Wenn Du nicht weißt, was angemessen ist, wo Dein Platz in der Welt ist, was wichtig ist und was nur schön wäre, dann kannst Du in der Anderswelt darüber Auskunft bekommen. Hier bist Du an dem Platz, an dem es um genau diese Dinge geht. Du bist dort, wo sich Sinn, Bedeutung und geistige Kräfte unmittelbar manifestieren, an dem Ort, der Dir das Große Muster, in das Du eingebunden bist, zeigen kann, weil er im Grunde genommen das Große Muster ist.

Erwarte allerdings keine Wunder! Deine Einsicht und Deine Weisheit wird nicht von alleine größer, wenn Du in die Anderswelt reist. Du nimmst Dich selbst dorthin mit, Deine Schwächen ebenso wie Deine Stärken, Deine Beschränktheit, Deine menschliche Fehlbarkeit und Deine Anfälligkeit für Fehldeutungen zu Deinen Gunsten. Du siehst zwar mehr von der Welt, aber Du siehst dieses „Mehr" nicht notwendig deutlicher. Das ist Deine eigene Verantwortung: Dich mit Achtsamkeit und Respekt der Welt und Dir selbst zu nähern. Allerdings hast Du in der Anderswelt wichtige Helfer auf diesem Weg!

# KAPITEL 15

## Kraft, Heilsein, Lebendigkeit – Kraft- und Heilertiere, Metamorphose

Viele Dinge werden sich von selbst im Laufe der Zeit einstellen. Dazu gehören die Entwicklungen und Veränderungen, die ich in den beiden vorangegangenen Kapiteln beschrieben habe. Sie werden geschehen, wenn Du achtsam und respektvoll mit der Anderswelt umgehst.

Um andere wirst Du Dich selbst kümmern müssen. Die wichtigste Aufgabe des Anfängers besteht zum Beispiel darin, sein Krafttier zu finden. Nur in den allerseltensten Fällen wird es von alleine zu Dir kommen. Ähnliches gilt auch für die Heilertiere, zu denen Du die Verbindung erst einmal knüpfen musst, bevor sie Dir hilfreich sein können.

Beginnen wir ganz am Anfang, bei den Krafttieren! Wenn Du Dich mit der Anderswelt-Reise soweit vertraut gemacht hast, dass Du Dich einigermaßen zuversichtlich fühlst, solltest Du Dich auf die Suche nach Deinem Krafttier machen. Dafür ist es jedoch wichtig, einiges zu wissen.

## Das Krafttier – Dein Freund und Helfer

Um die offensichtlichste Frage auch gleich am Anfang zu stellen: Was ist eigentlich ein Krafttier? Nun, um ehrlich zu sein: Ich weiß es nicht genau und ich kenne auch niemanden, der diese Frage wirklich (in unserem westlichen Sinne) beantworten könnte. (Übrigens: Krafttier und Totemtier sind in der indianischen Tradition nicht identisch. Falle also nicht auf solche Verwechslungen rein!)

Um endlose Diskussionen zu vermeiden, sollten wir uns auf eine einfache Sprachregelung einigen: Das Wesen der Anderswelt, das wir „Krafttier" nennen können, erscheint uns in dieser Form, wenn es die Form ist, die wir erwarten. (Was hinter diesem Wahrnehmungsmechanismus steckt, habe ich in Kapitel 5 ausführlich erläutert.) Es ist ganz sicher kein Tier im Sinne der Alltagswelt. Trotzdem ist seine Erscheinung für uns wichtig, denn offensichtlich kleiden wir es in eine Gestalt, die uns sinnvoll und interpretationsfähig seine Eigenschaften „vor Augen führt". Vielleicht wäre es besser, nicht von einem Krafttier zu sprechen, sondern einem Freund oder Helfer in der Anderswelt, zu dem Du ein symbiotisches Verhältnis hast.

Das ist der entscheidende Punkt: Das Krafttier begleitet Dich ein Leben lang, selbst dann, wenn Du es noch gar nicht kennst. Es ist für Dich da, wird Dir mit Deinen Fragen und Problemen helfen, wird Dich in der Anderswelt führen und kann Dir Kraft geben. Der Name stammt übrigens nicht daher. Vielmehr wird das Wort „Kraft" hier im Sinne von MEGIN, geistiger Kraft, gebraucht. Das Krafttier ist ein Wesen innerer geistiger Kräfte, kein „starkes Tier".

Das führt natürlich zu der Frage, was dieses Wesen von seinen Dienstleistungen hat, wie es einen Gewinn aus seinen Handlungen zieht. Die Anderswelt ist nun einmal kein Paradies selbstlos dienender Wesen. Sie ist ein Teil unserer Welt und es wäre ausgesprochen komisch, anzunehmen, diese Dinge wären in ihr anders als in der Alltagswelt. Wenn Du die Berichte alter Schamanen aufmerksam liest, dann wirst Du feststellen, dass die Beziehung des Schamanen zu seinem Krafttier (und natürlich auch zu seinen Helfer- und Heilertieren) auf Gegenseitigkeit beruht: Er bringt ihnen Respekt entgegen, achtet sie, dankt ihnen und ehrt sie, kümmert sich um sie und ihre Bedürfnisse, hilft ihnen, wenn sie Hilfe brauchen – und so weiter.

Das ist zwar kein Handel im Sinne von „ein Kilo Heilung gegen einen Liter Zuwendung", aber ein Austausch mit einer ausgewogenen Bilanz ist es schon. Überrascht es Dich wirklich, zu hören, dass in der Anderswelt, dem Ort von Sinn, Kraft und Muster, die Handelsware und das Entgelt auf dieser Ebene abgewogen werden?

Daraus solltest Du lernen, dass es keine Selbstverständlichkeit ist, wenn Dein Krafttier Dir hilft. Es erwartet von Dir handfeste Gegenleistungen – nur eben nicht im materiellen Sinn! Es ist aus Berichten bekannt, dass ein Krafttier seinen Menschen vernachlässigt und im Stich lässt, wenn er sein Krafttier ebenso behandelt. Ein symbiotisches Verhältnis beruht nun einmal auf Gegenseitigkeit.

Es ist wie im alltäglichen Leben auch: Es ist selbstverständlich, dass Eltern für ihre Kinder sorgen, dass Lebenspartner sich umeinander kümmern, dass Freunde füreinander da sind, aber wenn die Bilanz von Geben und Nehmen langfristig aus dem Gleichgewicht kommt, dann werden alle diese Beziehungsformen in der einen oder anderen Weise leiden.

Das ist übrigens auch etwas, was Du aus Deinen Anderswelt-Erlebnissen lernen kannst: Man sagt, wahre Liebe sei selbstlos und erwarte keine Gegenleistungen. Das ist insofern richtig, als in der Liebe kein Aufrechnen von konkreter Leistung und Gegenleistung erfolgt. Aber unerwiderte Liebe, Liebe, die nicht auf fruchtbaren Boden fällt, wird vertrocknen und absterben. Wenn Deine Reisen in die Anderswelt Dich dazu führen, dass Du immer nur nimmst, dass Du nur versuchst, Deine Bedürfnisse zu befriedigen und nie gibst – dann werden die Wesen und Kräfte der Anderswelt Dich irgendwann ignorieren und Dir nicht mehr helfen.

Kehren wir zurück zur Suche nach dem Krafttier. Angenommen, Du befindest Dich in der Anderswelt und hast die Absicht, Dein Krafttier zu finden. Wie stellst Du das am besten an? Zunächst solltest Du es mit der direkten Methode versuchen: Frage alle Wesen, denen Du begegnest, ob sie Dein Krafttier sind. Wenn Du eine Antwort bekommst, dann ist diese immer eindeutig, so eindeutig, dass es für Dich keinen Zweifel gibt. Keine Antwort oder keine eindeutige Antwort zu bekommen, heißt immer „NEIN"!

Das ist sehr wichtig, denn viele Menschen erliegen in diesem Punkt nur zu leicht ihren Sehnsüchten: Wer hätte denn nicht gerne ein bedeutendes, schönes, starkes Tier als Krafttier? Wer will schon eine Ente, eine Maus oder einen Hasen haben? Ein Löwe, ein Elefant, ein Adler, wenigstens ein wunderschöner Schwan möchte es doch bitte sein! Hüte Dich vor solchen Gedanken, denn sie können zu einer völligen Fehleinschätzung führen!

Jedes Tier kann ein wunderbares, gutes und liebenswertes Krafttier sein. Wenn es eine Maus ist, die zu Dir gehört, dann kann sie Dich mehr lehren und Dir besser helfen als der majestätischste Löwe dies könnte, denn ihr müsst einander verstehen, um voneinander profitieren zu können.

Das Krafttier spiegelt nicht klischeehaft Deinen Charakter wider (eben nicht „Wie der Herr, so der Hund"). Eine Maus ist eben kein ängstliches Wesen, das zitternd im Gras sitzt und auf den Greifvogel wartet, ebenso wenig wie ein Hase automatisch ein Angsthase ist. Jedes Tier, gleich ob groß oder klein, hat eine erfolgreiche Lebensstrategie im Umgang mit den Gefahren der Welt (sonst wäre es schon längst ausgestorben) – und darum geht es! Jedes Tier hat seine eigene Würde, der wir mit Achtsamkeit und Respekt begegnen sollten. Was nutzt Dir der Mut des Löwen, wenn Du die Ratschläge, die auf diesem Mut basieren, gar nicht in die Tat umsetzen kannst, weil sie in Deinem „Strickmuster" keinen Widerhall finden? Wärst Du vielleicht nicht viel besser bedient mit der Vorsicht und der extremen Wachsamkeit der Maus, die auf ihre Art genauso erfolgreich im Überleben ist wie der Löwe?

Ich denke, Du siehst, worauf ich hinaus will: Wenn Du glaubst, dass es Dir an Mut fehlt, um in der Welt zurecht zu kommen, dann gibt es zwei Möglichkeiten: Entweder Du lernst, mehr Mut zu entwickeln, oder Du lernst, mit Deinen vorhandenen Eigenschaften besser und erfolgreicher umzugehen, indem Du den sowieso nur scheinbar fehlenden Mut mit Deinen eigenen Stärken ausgleichst.

Mut ist nicht besser als Vorsicht, Draufgängertum nicht schlechter als Angst. Was zählt, ist das Ergebnis: Überleben, sich wohl fühlen und man selbst sein, darum geht es. Deshalb ist die Suche nach dem Krafttier auch ein wichtiger Selbstfindungsprozess, den Dir niemand abnehmen kann – und der deshalb auch manchmal recht lange dauert.

Es gibt einige indianische Traditionen, die Dir bei der Suche nach dem Krafttier unter Umständen helfen:

Wenn Du auf einer Anderswelt-Reise dreimal unabhängig voneinander dem gleichen Tier begegnest und wenn es Dir jedes Mal in die Augen schaut, dann ist es Dein Krafttier. Die andere Tradition sagt Dir, welche Tiere überhaupt als Krafttiere in Frage kommen und welche nicht: Keine Haustiere, keine Insekten, keine kaltblütigen Tiere außer der Schlange (also auch keine Fische – Delfine und Wale sind Säugetiere) und keine Fabeltiere und ausgestorbenen Tiere.

Du musst selbst entscheiden, ob Du Dich an diese Traditionen halten willst. Sie werden Dir gewiss helfen, Dein Krafttier zu finden. Allerdings beruhen sie auf Vorstellungen über die sinnliche Einkleidung der Form dieser Wesen, die nicht notwendig Deine sind. Unsere eigene Tradition schweigt darüber, welche Wesen die Schamanen unserer Vorfahren als Kraft- und Helferwesen hatten. Wir wissen nur, dass der Umgang mit ihnen zur schamanischen Arbeit gehörte, mehr nicht. Deshalb kann ich nur sagen: Vertraue der Wahrhaftigkeit Deiner eigenen Wahrnehmung. Solange Du Dich vor der Falle hütest, Deinen Wünschen zu folgen, kannst Du nicht fehl gehen.

Gleich, welcher Tradition Du anhängst, klar scheint immer zu sein, dass es für jeden Menschen nur ein Krafttier, einen persönlichen Helfer, in dem beschriebenen symbiotischen Verhältnis gibt. Ich denke manchmal, dass wir in den Krafttieren vielleicht demjenigen Teil unseres eigenen Wesens begegnen, der sich ständig in die Anderswelt erstreckt, der in der Anderswelt lebt, so wie unsere anderen Teile überwiegend in der alltäglichen Wirklichkeit leben. Es könnte so sein und würde einleuchtend erklären, warum die Suche nach dem Krafttier und der achtsame und respektvolle Umgang mit ihm so wichtig für uns sind.

Letzten Endes sind diese Feinsinnigkeiten für den Umgang mit dem Krafttier, dem Helfer, vielleicht gar nicht so wichtig: Finde es, liebe, achte und respektiere es, gib ihm, was es braucht und erbitte für Dich, was Du brauchst. Darum geht es. Alles andere mag spannend sein und Dich etwas über Dich und die Welt lehren, aber es kommt erst in zweiter Linie.

## Helfertiere – Helferwesen

Aus dem, was Du über Krafttiere erfahren hast, geht hervor, dass Helfertiere sich in mindestens zwei Punkten von den Krafttieren unterscheiden: Es gibt mehrere von ihnen, oder es kann mehrere geben – von einem Schamanen wird berichtet, dass er über 160 Helfertiere verfügte, die ihm, je nach Bedarf, bei seinen Heilungsritualen zur Seite standen. Der andere Punkt ist, dass Du die Helfertiere zwar bitten kannst, Dich bei Deinen Arbeiten zu unterstützen und dass diese Unterstützung gewöhnlich auch gewährt wird, dennoch haben sie nicht dieses unauflösbare symbiotische Verhältnis zu Dir wie Dein Krafttier.

Helfertiere kommen gewöhnlich nicht von selbst zu Dir. Du musst sie schon suchen, sie kennen lernen, Dich mit ihnen anfreunden und ihnen Achtung und Respekt erweisen, damit sie sich Dir zur Verfügung stellen. Gewöhnlich sind es nur die Schamanen, die über ein oder mehrere Helfertiere verfügen können, denn der Umgang mit ihnen erfordert viele Besuche in der Anderswelt und auch Rituale (siehe unten), die immer wieder durchgeführt werden müssen, um die Bindung zwischen Mensch und Helfertier zu festigen und zu erhalten – also nicht unbedingt eine „Teilzeitarbeit".

## Heilertiere – Heilerwesen

Diese Wesen der Anderswelt sind die Spezialisten für Heilung jeder Art. Alle Menschen, die die Anderswelt-Reise beherrschen, können sie um Hilfe bitten und diese Hilfe wird gewöhnlich auch gewährt.

Im traditionellen nordamerikanisch-indianischen Verständnis sind diese Tiere: Bär, Adler, Schlange und Horntier (Büffel, Stier). Sie leben in einer Höhle oder sind dort jedenfalls gewöhnlich anzutreffen (siehe Kapitel 8).

Zur „Anrufung" der Heilertiere genügt es, auf der Anderswelt-Reise die Bitte um Heilung (möglichst konkret, also unter Nennung der Erkrankung) zu formulieren und eines der Heilertiere oder alle zu Dir zu bitten. Wenn Deine Bitte erfüllt wird, dann vergiss nicht, Dich anschließend (schon auf der Reise und außerdem nochmals nach Deiner Rückkehr) für die gewährte Hilfe zu bedanken.

Beachte bitte, dass Bär, Schlange, Adler und Horntier auch Krafttiere sein können. Dann handelt es sich aber nicht um die Heilertiere, denn diese sind niemals persönliches Krafttier. Allerdings scheint es so zu sein, dass Menschen mit einem dieser Krafttiere oft eine besondere Affinität zum Heilen haben.

## Rituale

Ich habe nun schon mehrere Male betont, dass es sehr wichtig ist, das Verhältnis zum Krafttier und gegebenenfalls auch zu den Helfertieren gut zu pflegen. Ein geeignetes Mittel dafür sind Tanzrituale, die Dich dem Wesen Deines Tieres näher bringen.

Bei diesen Ritualen geht es darum, dass Du Dich in dieses Tier versetzt und ihm so die Möglichkeit gibst, sich in Dir in der Alltagswelt zu manifestieren.

Zu diesem Zweck solltest Du Dich zunächst einmal als Dein Krafttier verkleiden. Es geht dabei nicht um eine faschingsmäßige Verkleidung oder künstlerisch hochwertige Gestaltungen, sondern um eine symbolhafte Handlung. Eine einfache Papp-Maske, die das Wesen Deines Krafttieres andeutet, ein Kleidungsstück aus Fell, eine Feder – irgendeine Kleinigkeit genügt im Grunde schon, um den Prozess in Gang zu setzen. Dann tanze zu einem einfachen Trommelrhythmus die Bewegungen Deines Krafttiers, die Armbewegungen des Flügelschlagens, das Gleiten der Schlange, das Schleichen der Raubkatze – was auch immer Dein Krafttier ist, setze seine Bewegungen in Deinem Tanz um.

Dabei kommt es wieder nicht auf die Schönheit der Choreografie an, sondern auf die Kraft, mit der Du Dich mit Deinem Krafttier identifizierst. Solltest Du übrigens nicht viel über Dein Krafttier in seiner alltagsweltlichen Form wissen, dann informiere Dich über seine Lebens- und Ernährungsgewohnheiten, sieh zu, dass Du es in einem Dokumentarfilm oder, wenn möglich, in der freien Natur anschaust. Kurz, versetze Dich mit Körper, Geist und Seele in dieses Tier, so gut Du es vermagst.

Tanze den Panthertanz oder den Schlangentanz oder den Krähentanz oder was auch immer und lade Dein Krafttier ein, in Dich hineinzukommen, biete ihm an, dass es sich in Dich verwandeln kann, stelle ihm Körper, Geist und Seele zur Verfügung – und warte. Es kommt nicht darauf an, ob die Metamorphose gelingt, sondern nur darauf, dass Du Dich bereit machst und Dich zur Verfügung stellst.

Auf der einen Seite zeigt das Deinem Krafttier, dass Du Dich ernsthaft um es bemühst, dass Du die enge Verbindung zwischen Euch beiden pflegst und dass Du ihm auf diese Weise dankst und ihm anbietest, ihm so zu dienen, wie es Dir in der Anderswelt hilft. Auf der anderen Seite fördern diese Rituale, die Du natürlich öfter durchführen solltest, eine andere Art der Metamorphose, die ich als nächstes beschreiben werde.

Zuvor will ich den Hinweis nicht vergessen, dass ein Ritual nicht nur aus einem einzelnen Stück bestehen kann. Zu diesem Krafttier-Tanz gehören zumindest noch die Reinigung des Ortes und das Dank-und-Bitt-Ritual hinzu, wie ich es in Kapitel 12 beschrieben habe.

Übrigens macht es richtig Spaß, ein solches Ritual durchzuführen – vor allem mit anderen zusammen – und Du könnest hin und wieder durchaus ein schönes Fest daraus gestalten, zum Beispiel zu den Sonnen- oder Mondfesten.

## Die Metamorphose

Eines der eindringlichsten und intensivsten Erlebnisse, die Dir auf der Anderswelt-Reise widerfahren können, ist die Verwandlung in ein Tier. Das muss nicht unbedingt Dein Krafttier sein, aber gewöhnlich beginnt man mit diesem, weil diese Verwandlung von allen am einfachsten ist.

Gemeint ist die tatsächliche Verwandlung in dieses Tier, nicht nur eine Annäherung. Wenn Du in der Anderswelt Dein Krafttier um diese Verwandlung bittest und sie wird Dir gewährt, dann verwandelst Du Dich nicht nur in den Körper dieses Tieres, sondern Du wirst es sein – mit Körper, Geist und Seele. Du wirst die Welt so wahrnehmen wie dieses Tier und Du wirst so reagieren, wie es das auch tut.

Es ist ein unglaubliches Erlebnis, zum Beispiel als Hundetier durch das hohe Gras zu streifen, nur verschwommen zu sehen, aber die Welt durch den Geruch wahrzunehmen – nicht nur die Gegenwart, sondern auch ein Stück der Vergangenheit, denn Gerüche sind ja dauerhaft. Wenn ein Hase Deinen Weg gekreuzt hat, wirst Du seine Duftspur wahrnehmen, andere Deiner Art haben ihre Anwesenheit markiert... Die Welt ist so anders als Du sie jemals wahrgenommen hast, als Du es überhaupt für möglich halten würdest, dass Du Deine eigene Beschränktheit auf Deine Gestalt und Deine Wahrnehmung der Welt niemals wieder vergessen wirst.

Das gilt natürlich auch für das Erlebnis des Fliegens, für das Kriechen der Schlange, für das Schwimmen und Tauchen, was auch immer es sein mag – Du bist es, und Du hast es in dieser Metamorphose. Wenn Du Dich wieder in Dich selbst zurück verwandelst, wirst Du eine deutliche Erinnerung daran behalten, wie es sich angefühlt hat, dieses Tier zu sein, und diese Erinnerung wird Dich reicher machen und Dir mehr von der Welt gezeigt haben, als Du auf andere Weise jemals erfahren könntest.

Für diese Metamorphose sind keine besonderen Vorbereitungen erforderlich. Du solltest die Reisehaltung „Reise in die mittlere Welt – die Metamorphose" verwenden, die ich in Kapitel 10 beschrieben habe, und Dein Reiseziel vor Beginn der Reise formulieren. Manchmal beginnt die Reise dann schon mit der Verwandlung, manchmal ist es aber auch erforderlich, dass Du Deine Bitte in der Anderswelt nochmals vorträgst.

Wenn Du diese Erfahrung machen willst, dann kannst Du Dich zwar in jedes beliebige Wesen verwandeln, aber am einfachsten ist es mit Deinem eigenen Krafttier, da Du es nun einmal am besten kennst oder zumindest kennen solltest.

Der Wunsch, diese Metamorphose zu erleben, führt gewöhnlich zum Ziel. Manchmal geschieht sie während einer Reise aber auch spontan. Dieses Erlebnis ist dann besonders wichtig, weil mit Sicherheit eine Botschaft für Dich darin steckt.

Überhaupt ist die Verwandlung viel mehr als nur ein spannendes Spiel. Sie erweitert nicht nur Dein Verständnis der Welt und Deine Wahrnehmung, sie verbindet Dich auch unmittelbar mit den Kräften der Anderswelt in einer Weise, wie sie sonst kaum möglich ist. In Deiner Tierverwandlung bist Du für eine Zeit wirklich Bewohner der Anderswelt, nicht nur Besucher.

# KAPITEL 16

# Wissen, Weisheit und Einsicht – Begegnung mit dem Berater

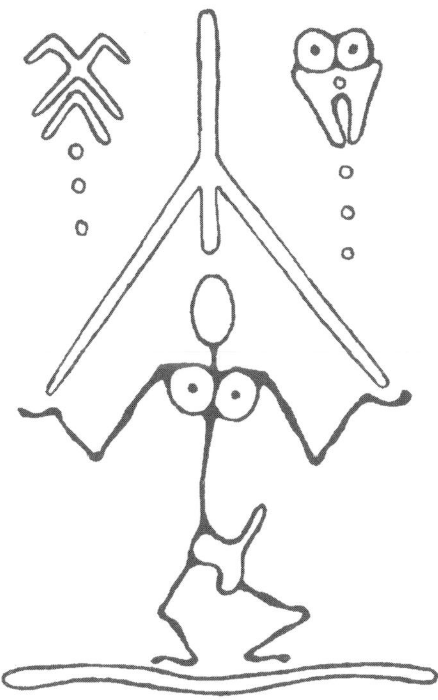

Die meisten Menschen, die in die Anderswelt reisen, begegnen gewöhnlich zuerst ihrem Krafttier oder machen sich erst einmal nach ihm auf die Suche, bevor sie sich anderen Dingen zuwenden. Die Erfahrung lehrt, dass das auch richtig so ist, denn das Krafttier als sozusagen universeller Helfer kann Dir bei allen weiteren Arbeiten und Aufgaben zur Seite stehen.

Deshalb folgt die Begegnung mit dem Berater auch eher später. Ich habe sogar die Erfahrung gemacht, dass einige ihrem Berater über viele Jahre hinweg nicht begegnen – schon allein deshalb, weil sie gar nicht nach ihm suchen. Anders als das Krafttier ist der Berater auch wesentlich distanzierter und nur für ganz bestimmte Dinge zuständig.

Das Krafttier, so könnte man sagen, ist zuständig für das Alltägliche und die handfesten Dinge, für Information, Kraft, Heilung, Auskünfte, für die Orientierung in der Anderswelt und so weiter. Den Berater hingegen kannst Du als Quell von Wissen, Weisheit und Einsicht betrachten. Er hilft Dir bei den wesentlichen Fragen des Lebens, bei grundsätzlichen, existentiellen Dingen, bei der Suche nach Sinn und Bedeutung in der Welt und in Deinem eigenen Leben.

Schon allein deshalb wäre es unklug, ihn mit Kleinigkeiten zu belästigen. Du musst auch damit rechnen, dass Deine Fragen nicht immer beantwortet werden, weil eigentlich erwartet wird, dass Du selbst auf die Antworten kommst, oder dass die Antworten, die Du erhältst, nicht ohne weiteres verständlich sind, weil Dir das Leben auch wieder nicht zu einfach gemacht werden soll.

## Der Berater

Die Suche nach dem Berater gelingt am leichtesten, wenn Dich gerade ein wesentliches Problem beschäftigt. Im Prinzip gehst Du dabei genau so vor wie bei der Suche nach dem Krafttier. Setze Dir also als Reiseziel die Suche nach Deinem Berater. Auch hier hat es sich durchaus bewährt, die Suche am Weltbaum zu beginnen, es sei denn, Du hättest eine andere Idee oder Eingebung, der Du dann auch unbedingt nachgehen solltest.

Die Erfahrungen, die ich im Laufe der Jahre mit meinen Workshop-Teilnehmern gemacht habe zeigen, dass der Berater eigentlich immer eine entfernt menschenähnliche Gestalt hat. Oft hat er eine äußere Form, die uns vielleicht eher lächerlich vorkommt, zum Beispiel wie Elton John mit kariertem Jackett und großer Brille oder wie „Papa Schlumpf". Das kann ein Hinweis darauf sein, dass wir das Leben nicht zu ernst nehmen sollten, dass wir uns selbst nicht zu wichtig nehmen dürfen oder dass die äußere Erscheinung eines Wesens nicht notwendig sein Inneres widerspiegelt.

Wie auch immer: Die äußere Erscheinung ist in der Tat unwichtig. Wichtig ist vielmehr, dass Du in diesem Wesen die Quelle aller „tiefen" Auskünfte vor Dir siehst. Mein Berater hat mir in einigen Lebenskrisen sehr geholfen, die Dinge in den richtigen Proportionen zu sehen, hat mir auch Hinweise gegeben auf die Richtung, in die ich mich bewegen sollte. Zwei Mal hat er auch eine Warnung an mich gerichtet, als ich in meiner Entwicklung auf die falsche Spur zu geraten drohte. In den schwierigen Situationen hatte ich zum Teil auf fast jeder Anderswelt-Reise Kontakt mit ihm, dann bin ich ihm wieder jahrelang nicht begegnet. Ich habe diese Begegnungen nie forciert, sondern von mir aus eher auf einem Minimum gehalten. Ich habe einfach gelernt, dass man dieses Wesen nicht unnütz mit „Kleinkram" belästigen sollte.

Prüfe Dich also jedes Mal sorgfältig, bevor Du Deinen Berater aufsuchst: Viele Dinge, die uns im Augenblick unglaublich wichtig vorkommen, scheinbar unüberwindliche mentale oder spirituelle Gebirge, entpuppen sich oft genug als Maulwurfshügel, die wir ohne weiteres selbst überschreiten könnten. Ich habe selbst einige Male erlebt, dass ich schroff abgewiesen oder mit einem Witz abgespeist wurde, weil ich vor meiner Annäherung an den Berater meine eigenen Ressourcen nicht weit genug ausgeschöpft hatte. – Auch das ist ein Lernprozess, den der Berater Dir vermittelt: Es geht nicht darum, sich auf andere zu verlassen und so der eigenen Faulheit und Unbeweglichkeit Raum zu geben. Im Gegenteil! Du sollst lernen, bis an die Grenze Deiner eigenen Möglichkeiten auf eigenen Füßen zu stehen und erst dann fremde Hilfe zu suchen.

Hin und wieder werde ich – meist nur halb ernst – gefragt, ob es denn in der Anderswelt nicht Möglichkeiten gäbe, etwas über Lotto-Gewinnzahlen, Aktienkurse oder Pferderennen in Erfahrung zu bringen. Erst einmal wäre der Berater für eine solche Frage die schlechteste Anlaufstelle überhaupt. Dann solltest Du Dir vergegenwärtigen, dass in der Anderswelt, dem Ort von Sinn, Kraft und Muster, sehr viele Konzepte überhaupt keine Bedeutung haben, die Dir in der Alltagswelt vielleicht wichtig oder nützlich vorkommen. Geld und Lebensunterhalt in unserer alltäglichen Bedeutung der Worte gehören mit Sicherheit nicht zu den Dingen, die in der Anderswelt eine Rolle spielen. Das Sinnvolle einer Tätigkeit, ihre innere Bedeutung für Dich und die Welt, Dein Zusammenwirken mit den Kräften anderer Menschen (oder Wesen allgemein) – das sind Dinge, die in der Anderswelt ihre Entsprechungen finden und deshalb kannst Du dazu auch Auskünfte und Ratschläge bekommen, nicht aber darüber, wie Du Deinen Lebensunterhalt sicherst oder wie Du zu Geld kommen könntest!

## Die wichtigen und die schönen Dinge im Leben

Ich erkläre meinen Workshop-Teilnehmern oft den Unterschied zwischen den wichtigen und den schönen Dingen im Leben: Es ist wichtig, ein Dach über dem Kopf zu haben und nicht hungern zu müssen. Es ist wichtig, Menschen nahe zu sein, die Dich lieben und die Du liebst, es ist wichtig, so gesund zu sein, wie es Deinem Alter und Deinen körperlichen Möglichkeiten entspricht. Alles, was darüber hinausgeht, gehört entweder zu den überflüssigen oder zu den schönen Dingen im Leben. Von den überflüssigen will ich hier gar nicht reden, obwohl unsere Gesellschaft darauf spezialisiert ist, uns um des Wachstums und des Umsatzes willen alles mögliche unnütze Zeug als wichtig aufzuschwätzen. Doch zu den schönen Dingen will ich sagen, dass manches gewiss schön zu haben wäre, je nach Deinen Vorstellungen vielleicht eine große, schön eingerichtete Wohnung, ein Häuschen am Waldrand, von mir aus auch ein schickes Auto, eine Stereoanlage, eine Reise in weit entfernte Länder: Sicher wäre es schön, solche Dinge zu haben, wenn Du sie Dir dringend und als Dein Leben bereichernd wünschst – aber wichtig in diesem Sinne sind sie ganz gewiss nicht!

Diese Unterscheidung erwähne ich hier, weil es durchaus möglich ist, in der Anderswelt über die wichtigen Dinge im Leben Auskunft zu erhalten, vielleicht auch Hilfe bei dem Bemühen, sie herbei zu schaffen. Ganz sicher aber gilt dies nicht für die schönen Dinge: Gleich wie dringend Du sie Dir wünschst, Du wirst dazu weder Hilfe noch Auskünfte erhalten, weil diese Dinge weder als Vorstellungen noch als Bedürfnisse in der Anderswelt eine Rolle spielen. Wenn Du entsprechende Fragen stellen solltest, wirst Du auf Unverständnis oder Ablehnung stoßen.

Ganz anders aber verhält es sich mit den wirklich wichtigen Dingen, mit den „Grundbedürfnissen", die ich eben aufgezählt habe, und mehr noch mit dem Sinn Deines Lebens, der Bedeutung Deines Denkens und Handelns, Deiner Einbindung in das Große Muster der Welt – als „große", existentielle Fragen, aber auch in ihren Auswirkungen auf Dein alltägliches Leben.

Um Missverständnissen vorzubeugen, möchte ich darauf hinweisen, dass es bei der „schamanischen" Art zu leben in gar keinem Fall um eine Abwendung von der Alltagswelt geht, um eine Negierung des Alltäglichen, um eine Verachtung des Körperlichen – oder was auch immer. Alle Schamanen, die ich im Laufe der Jahre kennen gelernt habe, waren ausgesprochen lebenslustige, „diesseitig" orientierte, genussfreudige Menschen. Die meisten benutzen auch Handys, Computer, Autos und andere Annehmlichkeiten der Zivilisation, sofern sie ihrer Arbeit und der Verständigung mit anderen Menschen dienen.

Es geht hier nicht um ein „Ja oder Nein". Es geht vielmehr darum, die wichtigen und die schönen Dinge des Lebens zu erkennen und sich so mit den Notwendigkeiten der Welt zu arrangieren, dass unser Leben möglichst erfüllt ist, ohne dass wir unnötigen Schaden für die Welt und für andere anrichten. Und vor allem geht es darum, zu erkennen, dass wir Menschen, solange wir lebendig sind, aus Körper, Geist und Seele bestehen, und dass es nötig ist, alle drei Teile gleichgewichtig an unserem Leben teilhaben zu lassen und die Wünsche und Bedürfnisse aller drei Teile zu pflegen. Das ist wirklich richtig verstandenes schamanisches Leben, nicht eine verquaste „Spiritualität", die einen unserer Teile zu Ungunsten eines Anderen oder aller anderen vernachlässigt.

Wenn Du so an Dein Leben herangehst, wirst Du kein Problem in der Anderswelt haben: Der Umgang mit Krafttier und Berater wird einfach und natürlich vonstatten gehen, und Du wirst verstehen, was gelehrt und vorgelebt wird.

## Die Deutungen der Antworten

Wenn Du Fragen stellst, dann wirst Du oft einfache und klare Antworten bekommen. Mindestens ebenso oft wirst Du erst einmal nicht verstehen, welchen Rat Du erhalten hast. (Das gilt übrigens nicht nur für Fragen an den Berater, sondern für Deinen gesamten Umgang mit den Wesen der Anderswelt.) Das hat damit zu tun, dass Dir Deine Fragen nicht immer verbal beantwortet werden. Der Schlüssel kann auch in der Handlung liegen, in die Du verwickelt bist oder die Dir gezeigt wird. Er kann auch in Deiner Umgebung versteckt liegen, symbolisiert durch den Ort der Anderswelt, an dem Du Dich befindest.

In anderem Zusammenhang habe ich Dich bereits darauf hingewiesen, dass es nicht nützlich ist, Deine Anderswelt-Erlebnisse wie Träume zu behandeln und sie im Sinne der Traumdeutung „lesen" zu wollen. Die Symbolhaftigkeit des Erlebten ist völlig anderer Art, weil die Reise eben kein Traum ist, sondern ein Aufenthalt in einem Teil der Wirklichkeit mit seinen eigenen Gesetzmäßigkeiten. Wenn Du diese Gesetzmäßigkeiten besser verstehen würdest, dann wären Dir die Antworten auf Deine Fragen auch nicht rätselhaft. Wenn Du also etwas nicht verstehst, dann versuche, das Geschehene, Gesehene, Gehörte nicht mit Deinem diesseitigen Verstand zu deuten! Versetze Dich vielmehr in die Gesetzmäßigkeiten (Synchronizität) und Kategorien (Sinn, Kraft, Bedeutung) der Anderswelt und lasse Dir von Deiner Intuition sagen, welche Bedeutungen Du in Deinen Anderswelt-Erlebnissen auffinden kannst! Das ist im Grunde genommen die einzige Möglichkeit, herauszufinden, was geschehen ist und welche Bedeutung das Erlebte für Dich hat.

Es ist auch durchaus erlaubt, mehrere Anderswelt-Reisen nacheinander zu machen, wenn Du etwas nicht verstanden hast. Allerdings solltest Du Dir sicher sein, alle Dir möglichen Anstrengungen unternommen zu haben, etwas zu verstehen, bevor Du erneut die Anderswelt betrittst, um Deine Fragen los zu werden. Wenn Du zu schnell aufgegeben oder Dich nicht genug angestrengt hast, musst Du mit einer Zurückweisung oder vielleicht auch mit Beschimpfungen als Dummkopf rechnen.

Die Anderswelt ist nun einmal keine „Pension Mama", und Krafttier, Berater und die anderen Wesen dort sind auch keine Kindermädchen, die Händchen halten. Vielmehr wird erwartet, dass Du ein eigenständiger, auf den eigenen Füßen stehender, erwachsener Mensch bist, der sein Leben energisch anpackt. Wenn das der Fall ist, dann wirst Du erkennen, welche Handlungen und Fragen Deine eigenen Möglichkeiten und Fähigkeiten übersteigen – und wenn Du Dich mit diesen an Deinen Berater oder die anderen Wesen wendest, wirst Du Auskünfte und Hilfe erhalten.

Mit der Anderswelt ist es wie mit den fernen Ländern, in die manche Leute so gern auswandern möchten: Sie vergessen dabei, dass sie ihr größtes Problem überall hin mitnehmen – nämlich sich selbst. Und sie scheinen zu hoffen, dass die Welt an einem anderen Ort freundlicher zu ihnen ist, und zu vergessen, dass es dort nicht weniger, sondern nur andersartige Probleme gibt. So ist es mit der Anderswelt auch: Wer seine Probleme in der Alltagswelt nicht tatkräftig anpackt, wird auch in der Anderswelt keine Hilfe finden.

# KAPITEL 17

# Der Weg der Götter – Die Ekstasereise

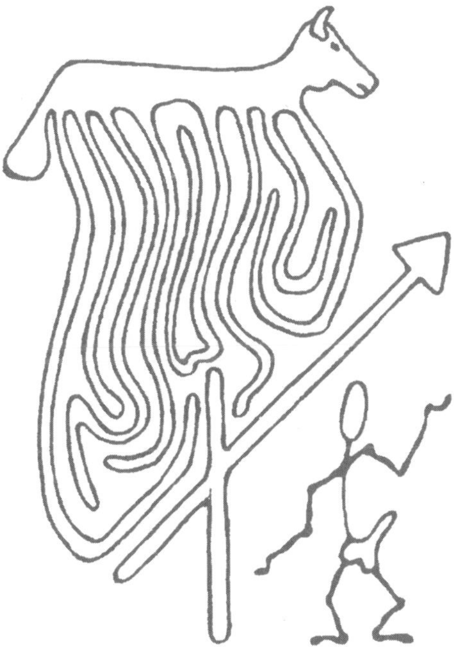

In der Zeit, als unsere Ahnen noch in traditionellen schamanischen Gemeinschaften lebten, gab es keine Priester, keine Religion und auch keinen Glauben. Sie brauchten nicht zu glauben, weil sie wussten, dass es die Götter in der Welt gibt. Dieses Wissen konnte aus unmittelbarer persönlicher Erfahrung entstehen, denn jeder Mensch hatte damals die Möglichkeit, den Göttern selbst zu begegnen. Diese Möglichkeit wurde auch gelebt, denn in bestimmten Ritualen, den Jahresfesten und auch bei persönlichen Transformationsritualen, gehörte die Begegnung mit den Göttern sozusagen zum Programm.

Versuche einmal, Dir das vorzustellen! Du bist nicht darauf angewiesen, zu glauben, dass es die Götter gibt, Du begegnest ihnen selbst, kannst Dich durch eigene Anschauung von ihrer tatsächlichen Existenz überzeugen. Diese Begegnung geschah in den Ritualen dadurch, dass die Menschen sich in veränderte Bewusstseinszustände versetzten, die ihnen die Wahrnehmung für die Götter öffnete.

Deshalb stimmt es auch, dass Schamanismus keine Religion, keine Sekte ist: Jedem, der dies so will, steht die Begegnung mit den Göttern offen. Da gibt es nichts zu lehren, keine Autorität, mit der Glauben vermittelt oder gar erzwungen wird (siehe Christianisierung mit Feuer und Schwert), sondern nur die eigene Erfahrung, die eben nicht zum Glauben, sondern zu Wissen führt.

Die schamanische Reise oder Anderswelt-Reise ist ein Werkzeug, das jedem Menschen, der dies will, die persönliche Begegnung mit den Göttern ermöglicht. Es besteht nicht einmal ein Zwang dazu, diese Begegnungen tatsächlich herbeizuführen, und niemand wird Dir sagen, welche Götter Du gefälligst zu sehen hast. So gesehen ist der Schamanismus tatsächlich basisdemokratisch – und genau deshalb wurde er von den sogenannten Hochreligionen so erbittert bekämpft: Es braucht keine Autorität und keine religiösen Institutionen, um die Erfahrung des Göttlichen selbst zu erleben.

Ich habe bereits ganz zu Anfang einmal gesagt, dass die schamanische Arbeit in dieser Hinsicht nur eine Voraussetzung hat: Ohne den Glauben oder, wie wir jetzt sagen können, ohne das Wissen um das Göttliche in der Welt, kann schamanische Arbeit nicht möglich sein. Aber niemand kümmert sich darum, welche Form dieses Wissen bei Dir annimmt, denn da die tatsächliche Erfahrung jedem offen steht, ist auch jeder selbst dafür verantwortlich, sie zu machen oder sie zu lassen.

> Wie bei allen schamanischen Dingen gibt es natürlich auch hier Leute, die auf diesem Gebiet durch ihre Arbeit Erfahrungen gesammelt haben. Es lohnt sich immer, ihnen zuzuhören, denn sie werden Dir Landkarten und Wegweiser geben können. Aber vergiss nie, dass sich die eigene Erfahrung und die aus ihr gewonnene Gewissheit durch nichts ersetzen lassen!

Viele Menschen sind heutzutage auf der Suche nach dem Sinn und der Bedeutung ihres Lebens und der Welt im Allgemeinen. Dazu gehört auch die Suche nach Gott oder den Göttern. Ich kann natürlich nicht wissen, ob Du auch zu denen gehörst, die die Anderswelt-Reise als Hilfsmittel für diese Art Suche verwenden wollen. Für den

Fall, dass es so sein sollte, können Dir die folgenden Hinweise vielleicht nützlich sein, obwohl ich gerade bei diesem Thema glaube, dass das persönliche Gespräch sich nicht durch das geschriebene Wort ersetzen lässt.

Ich kann und will Dir hier nicht aufschreiben, wie die Götter, meine Götter, aussehen oder was Du bei Deiner Suche zu erwarten hast. Das ist schon allein deshalb nicht möglich, weil ich nicht wissen kann, welche Bilder Du benutzen wirst, um Deine Erfahrungen einzukleiden – aber wer das Göttliche sucht, wird es auch finden.

Fest steht, dass das Göttliche in der Welt nicht ein diffuses Gefühl, eine Empfindung von Sinn und Bedeutung ist, sondern dass die Götter tatsächlich „Personen" sind, keine unpersönlichen Kräfte. Dieser Satz eröffnet für die Interpretation natürlich ein weites Feld, ich will ihn jedoch nicht weiter ausdeuten, sondern Dich auf Deine eigene Erfahrung verweisen.

Du solltest Dir darüber im Klaren sein, dass die Begegnung mit den Göttern kein Picknick ist, keine Befriedigung der Neugier, die man mal eben mitnehmen kann wie einen Besuch auf dem Rummelplatz. Der ernsthafte Wunsch, das vielleicht sogar schmerzhafte Bedürfnis, die Kraft der Götter zu erleben, um Gewissheit zu erlangen, ist die Voraussetzung dafür, dass diese Begegnung tatsächlich stattfinden kann. Wenn dieses Bedürfnis nicht vorhanden ist, wird auch nichts geschehen. – Noch mehr als bei anderen Zwecken und Zielen der Anderswelt-Reisen ist die Intensität des Bedarfs entscheidend dafür, ob die Reise gelingt oder nicht. Ebenso wichtig ist die echte Bereitschaft dazu, diese Erfahrung tatsächlich zu machen. „Ich glaub' ja nicht wirklich dran, aber mal schauen, ob vielleicht doch was dran ist", wird mit Sicherheit nicht zum Erfolg führen.

Vielleicht hast Du jetzt das Gefühl, dass ich hier einen einfachen psychologischen Mechanismus beschreibe, der darauf hinausläuft, dass Du nur fest genug an etwas glauben musst, um tatsächlich irgendwann eine einschlägige Erfahrung zu machen. Ich will jetzt nicht noch einmal die Argumentation zum Thema „Was ist real?" wiederholen, mit der ich Dich in Kapitel 2 und 3 vielleicht schon genervt habe. Stattdessen verweise ich Dich auf Deine eigene Erfahrung: Es geht hier nicht um den Glauben, sondern um das aus der Erfahrung entstandene Wissen.

Die Begegnung mit den Göttern ist immer möglich. Sie kann in der einfachen Verschiebungs-Reise ebenso erfolgen, wie in der Ekstase-Reise (siehe Kapitel 4). Das weiß ich aus eigenen Erfahrungen ebenso wie aus Berichten anderer Reisender. Entscheidend ist offenbar die Dringlichkeit des Wunsches und nicht so sehr die Technik der Reise. Allerdings kann ich nicht leugnen, dass die Begegnung mit den Göttern in der Ekstase-Reise eine andere, stärkere Intensität hat. Deshalb will ich hier auch auf das Thema der Reise mit Hilfe halluzinogener Pflanzen eingehen, obwohl dieses Thema schon allein aufgrund der gesetzlichen Situation in Deutschland eine gewisse Brisanz hat.

## Der Weg der Ekstase-Reise

Die traditionellen Schamanen nehmen in der Ekstase-Reise Kontakt mit den Göttern auf. Gewöhnlich verwenden sie dafür halluzinogene Pflanzen, die genau deshalb in der Sprache vieler Völker auch „Pflanzen der Götter" heißen. Zu diesem Thema sind einige Anmerkungen erforderlich, die Du bitte ernst nehmen solltest:

1. In unserer Gesellschaft ist der Gebrauch halluzinogener Pflanzen verboten. Ich kann und will mit meinen Worten keinesfalls zu einem Bruch der Gesetze aufrufen, auch wenn ich der Meinung bin, dass diese Verbote eine dem Grundgesetz zuwider laufende Einschränkung der Freiheit der Religionsausübung darstellen.

2. Praktisch alle halluzinogenen Pflanzen (oder aus ihnen gewonnene oder synthetisierte Substanzen) sind in unserer Gesellschaft zu Partydrogen, zu Genussmitteln verkommen. Du solltest wissen, dass die heiligen Pflanzen Dir ihre Kraft nicht mehr zur Verfügung stellen, wenn Du sie respektlos behandelst – und respektlos ist jede Form des Konsums aus hedonistischen Gründen. (Hedonismus = hemmungsloses Wohlleben) Dies gilt übrigens sogar für Tabak und Alkohol, die bei manchen Völkern als wirksame bewusstseinsverändernde Substanzen verwendet werden. Wenn Du rauchst oder Alkohol trinkst, werden diese Substanzen für Dich im Ritual nicht mehr wirken. Wenn Du kiffst, hat der Hanf für Dich seine Kraft verloren – und so weiter... Das ist keine Moralpredigt, sondern ein Erfahrungsbericht, den Dir jeder Schamane bestätigen kann, den auch Du selbst überprüfen kannst, wenn Du über einschlägige Gewohnheiten verfügst.

3. Gerade Kiffer oder andere gewohnheitsmäßige Drogenkonsumenten kommen gerne auf die Idee, sich beim Erlernen der Anderswelt-Reise mit Hanf oder ähnlichem auf die Sprünge zu helfen. Es sei hier ganz klar gesagt: Das funktioniert niemals! Erst musst Du die Technik der Anderswelt-Reise für sich erlernen und beherrschen, bevor Du sie mit anderen handwerklichen Mitteln kombinierst, sonst landest Du in einem hoffnungslosen Durcheinander von Wahrnehmungen, das Du nicht wirst auseinander dividieren können.

4. Verwechsle nicht die ekstatische Anderswelt-Reise mit Transformationsritualen, in denen halluzinogene Substanzen verwendet werden (z.B. Ayahuasca). Das eine hat mit dem anderen nichts zu tun.

5. Dein Respekt den heiligen Pflanzen gegenüber sollte Dich davon abhalten, einfach herum zu experimentieren. Der Umgang mit ihnen im Ritual unterscheidet sich mit Sicherheit von den Erfahrungen, die Du vielleicht beim Kiffen gemacht hast.

6. Die Befriedigung der Neugier ist kein hinreichender Grund für den Umgang mit den heiligen Pflanzen. Dein Wunsch, Dein inniges Bedürfnis nach der Begegnung mit den Göttern mag ein Grund sein. Es scheint uns Europäern heutzutage schwer zu fallen, irgendetwas wirklich ernst zu nehmen, es seiner Bedeutung entsprechend mit Respekt, Achtsamkeit und Geduld zu behandeln. Es muss immer sofort sein, und das "Ich will haben" wird nur selten hinterfragt. Die Begegnung mit den Göttern wird

möglicherweise das einschneidendste und wichtigste Erlebnis Deines Lebens sein – willst Du Dich nicht angemessen darauf vorbereiten? Wenn Du es nicht tust, wirst Du wieder nur etwas konsumieren und Dein Leben wird so flach bleiben, wie es auch vorher war. Das ist übrigens ein Grundproblem vieler „spiritueller" Menschen, denen ich begegnet bin: Sie glauben, das bedenkenlose Konsumverhalten, den Kultur-Chauvinismus und das Kolonialherren-Gebaren unserer Zivilisation abgelegt zu haben. Dabei leben sie diese Dinge einfach nur ebenso ungehemmt auf spirituellem Gebiet aus.

7. Der Gebrauch einiger halluzinogener Pflanzen ist gesundheitsschädigend (dies gilt nicht für Hanf) oder sogar extrem gefährlich (z.B. Stechapfel). Lasse Dich also nicht auf Experimente ein!

Da der Gebrauch halluzinogener Pflanzen bei uns nun einmal verboten ist, will ich Dir rein hypothetisch den Aufbau einer Ekstase-Reise beschreiben: Im Prinzip läuft sie genauso ab, wie ich es in Kapitel 12 berichtet habe. Hinzu kommt der Gebrauch der heiligen Pflanzen. In unserer eigenen Tradition sind dies Hanf, Fliegenpilz (eigentlich keine Pflanze, aber ich bleibe hier beim allgemeinen Sprachgebrauch) und Bilsenkraut. Statt Bilsenkraut kann auch Stechapfel (Datura) verwendet werden, eine Pflanze, die sich selbst seit dem späten Mittelalter in Mitteleuropa verbreitet hat. Welche Pflanzen welche Wirkungen haben, will ich hier nicht im Einzelnen erläutern. Informationen dazu findest Du in den Büchern von Hoffmann und Rätsch. Die Pflanzen werden nicht einfach konsumiert, sondern in einem eigenen Ritualteil geehrt. Der Reisende dankt ihnen und bittet sie darum, sich ihm und seiner Reise zur Verfügung zu stellen. Dies geschieht am besten im Anschluss an das allgemeine Dank- und Bitt-Ritual. Dabei ist zu beachten, dass die Pflanze nicht nur das getrocknete Kraut ist, sondern ein Lebewesen, dem wir achtsam und respektvoll gegenüber treten.

Dann werden die Pflanzen geraucht (alle Pflanzen) oder gegessen (Fliegenpilz, Stechapfel), bevor die Reise beginnt. Manche Pflanzen erfordern eine bewegungsinduzierte Reise. Dies gilt vor allem für Fliegenpilz: Der Schamane, der mit Hilfe des Fliegenpilzes reist, wird selbst trommeln und sich durch einen ekstatischen Tanz in den Reisezustand versetzen. Fliegenpilz, in der entsprechenden Dosis eingenommen, führt zusammen mit den Bewegungen des Tanzes zu heftigsten unwillkürlichen Muskelzuckungen, die rein äußerlich einem epileptischen Anfall gleichen.

Wenn die Pflanzen dem Schamanen wohlwollend helfen, wird er in der Ekstase-Reise so vollständig in die Anderswelt eintauchen, wie es sonst nicht möglich ist. Das überwältigende Gefühl der Wirklichkeit wird ihn mit atemberaubender Intensität überfallen und er wird sich in der Anderswelt mit einer Sicherheit bewegen, die alles übertrifft, was Du aus der Alltagswelt kennst.

Anders als dieses wattige Gefühl des Besonderen, das Du vielleicht vom Kiffen her kennst, findet die Reise mit geschärfter Wahrnehmung und mit bis zum äußersten gespannten Bewusstsein statt. Hinterher erinnert der Schamane sich mit überdeutlicher Klarheit an jedes noch so winzige Detail, und wenn ihn die Anwesenheit der

Götter getroffen hat, so wird er sie auch in der Alltagswelt in seine Seele eingebrannt gegenwärtig haben. Das unterscheidet sich gewaltig vom Zustand des „breit Seins" der Kiffer, die ja auch manchmal glauben, sie hätten die Lösung der Welträtsel gesehen – nur um alles vergessen zu haben, was vielleicht gewesen ist, wenn die Wirkung des Joints verfliegt.

Noch einmal zurück zu den Göttern: Wie alle anderen Anderswelt-Erfahrungen auch, ist diese keinesfalls beliebig! Es sind zwar Deine Bilder, in die Du sie einkleidest, aber hinter der Form der Wahrnehmung stecken die Gemeinsamkeiten. Deshalb wirst Du die Götter (wie alle anderen Wesen und Erscheinungen auch) niemals so sehen, wie sie sind, sondern nur so, wie sie Dir erscheinen. Wenn Du mehr wissen willst, dann vergleiche Deine Erfahrungen mit denen anderer Reisender und informiere Dich auch über die Traditionen unserer Vorfahren und anderer Menschen. Sei nur misstrauisch, wenn Dir jemand irgendwelche „alten Götter" verkaufen will. Dogmen verführen bestenfalls zum Glauben und verwischen die Kraft und die Notwendigkeit der eigenen Erfahrung!

# KAPITEL 18

# Der Weg der alltäglichen Vollkommenheit – Heilung & Kraft

Manche kommen mit ihrem alltäglichen Leben nicht zurecht und wenden sich deshalb esoterischen oder spirituellen Dingen zu, weil sie hier die einfachen Lösungen erwarten. Diese Erwartungen werden mit Sicherheit enttäuscht werden. Ich habe schon einmal gesagt, dass Leute, die in ferne Länder auswandern wollen, ihr Problem immer mit sich nehmen – nämlich sich selbst. Die Schwierigkeiten, die sie von zu Hause kennen, wird es vielleicht nicht geben, dafür aber andere, neue, die sie noch nicht kennen. Erfolgreiche Menschen können überall Erfolg haben, erfolglose werden auch woanders scheitern.

Mit der Anderswelt verhält es sich ähnlich: Natürlich finden wir dort Hilfe, Kraft, Wissen, Weisheit, Einsicht, Heilung und noch mehr, Dinge, die wir allein und ausschließlich in der Alltagswelt nicht finden würden. Aber unsere Kenntnis der Anderswelt und unser Umgang mit ihr können nur fruchtbar sein, wenn wir auch in der Alltagswelt mit beiden Beinen auf dem Boden stehen und unser Leben erfolgreich gestalten (nicht unbedingt im materiellen Sinn!).

Geschärfte Wahrnehmung, Achtsamkeit, Respekt, Klarheit des Denkens und Wollens sind Eigenschaften, die wir nicht in der Anderswelt gewinnen können, wenn wir sie in der Alltagswelt nicht erlernen. Geschenkt wird uns vieles, aber nichts ohne unser eigenes Bemühen. Selbst das Glück geht an uns vorbei, wenn wir, wie Deepah Chopra einmal sagte, uns nicht dorthin stellen, wo wir glauben, dass es vorbei kommen könnte!

Alle Schamanen, die ich im Laufe der Jahre kennen gelernt habe, sind handfeste, praktisch orientierte Menschen – nicht nur in ihrem alltäglichen Leben, sondern auch in ihrer Spiritualität. Mit verschwommenem Denken und Empfinden, mit verquaster Jenseitigkeit und mit mangelnder Tatkraft und Eigeninitiative können sie alle nichts anfangen.

Deshalb geht es in der schamanischen Arbeit auch nicht darum, sich so weit wie möglich aus der Alltagswelt zu entfernen. Im Gegenteil! Das höchstmögliche Maß an Lebendigkeit mit Körper, Geist und Seele ist das Ziel.

Es geht nicht darum, auf esoterischen Wegen eine Vollkommenheit irgendwelcher Art anzustreben. Vielmehr geht es darum, jeden einzelnen Augenblick des Lebens so vollkommen zu leben, wie es Dir in diesem Augenblick möglich ist. Mit anderen Worten: Das Ziel ist das Hier und Jetzt, nicht irgendetwas weit entferntes, nichts vergangenes, nichts zukünftiges, sondern ganz schlicht dieser eine Augenblick und dieser Ort.

Damit ist natürlich keinesfalls gemeint, dass Du Veränderungen, Verbesserungen oder Entwicklungen vergessen solltest. Vielmehr solltest Du Deinen täglichen Weg darauf prüfen, ob Du ihn so vollkommen gehst, wie es Dir eigentlich möglich wäre. Daraus entsteht der Lerneffekt, daraus entsteht die Verwandlung – nur eben nicht spektakulär, sondern ganz allmählich und in winzigen Schritten, von denen aber jeder einzelne Dein Leben hier und jetzt sofort besser, schöner und auch angenehmer macht.

– Das meine ich, wenn ich sage, dass Schamanen sehr praktisch, diesseitig orientierte Menschen sind.

Ein Cherokee-Indianer sagte einmal in einem Gespräch über den Glauben an das Jenseits: „Lebe Dein Leben angemessen und respektvoll, so dass Du an seinem Ende sagen kannst, dass es gut gewesen ist. Alles, was danach kommt, wird sich dann schon finden." Das spiegelt diese Diesseitigkeit wieder: Du richtest Dein Leben nicht so ein, dass Du als Belohnung irgendwann einmal in den Himmel kommst, oder wenigstens die Hölle vermeidest. Vielmehr richtest Du Dein Leben so ein, dass Du es in jedem Augenblick so vollkommen lebst, wie es Dir möglich ist und richtig erscheint – großes, dickes, fettes Ausrufezeichen!

Das erklärt Dir vielleicht auch, warum Schamanen oder nach der Art der Schamanen lebende Menschen gewöhnlich auch sehr diesseitig und „lebenslustig" sind: Was zählt, ist nicht das, was vielleicht irgendwann einmal später kommt, sondern nur genau das, was Du genau jetzt und genau hier tust und was Dir hier und jetzt geschieht. Mache es jetzt gut, so gut Du kannst, dann wirst Du Deine Grenzen für das nächste Mal etwas hinausgeschoben haben. Tue es aber nicht, um später einmal besser zu werden, sondern um jetzt so gut wie möglich zu sein!

Dazu gehört natürlich auch, das Leben zu genießen, sich an dem zu freuen, was man hat und nicht dem hinterher zu trauern, was nicht ist. Genau diesem Zweck dient auch das in Kapitel 12 beschriebene Dank- und Bittritual. Wenn Du in der Anderswelt das Große Muster erfährst, wenn Du siehst, wie alle Wesen und Erscheinungen der Welt in Kraft, Sinn und Bedeutung zusammenhängen und miteinander wirken, dann wirst Du auch lernen, allem den ihm gebührenden Platz einzuräumen: Schmerz, Trauer, Verlust und Krankheit sind wirklich, Du wirst nicht vermeiden können, sie zu leben. Aber Du kannst lernen, ihnen nur den Raum zu geben, der ihnen (für eine Zeit) gehört, ohne dass Du Dich von ihnen auffressen lässt. Manche Leute sagen: „Doch das Leben geht weiter!" Oft ist das nur eine Floskel, aber sie stimmt tatsächlich: Was auch immer Dich befällt, Dein Leben geht weiter – und wenn es einmal zu Ende ist, dann geht das Leben der Welt weiter, in dem Du Deine Spuren hinterlassen hast, auch wenn Du selbst sie gar nicht siehst.

Das ist ein wesentlicher Aspekt der schamanischen Heilung: Dich wieder mit dem Großen Muster zu vereinen, Dich wieder in den Zusammenhang und Zusammenhalt Deiner Mitmenschen, Deiner Familie, Deiner Freunde zurückzuholen, Dir das Gleichgewicht wieder zu geben, aus dem Du herausgefallen bist, wenn Du Deiner Krankheit einen zu großen Raum gegeben hast.

Das Leben besteht aus sehr vielen kleinen Dingen und nur einigen wenigen großen Dingen. Deshalb sind es ja auch gewöhnlich die vielen kleinen Dinge, die aus dem Ruder laufen, kleine Schmerzen, kleine Irritationen, die sich durch ständige Wiederholung aufhäufen können, bis sie sich in einer großen Explosion Raum verschaffen.

Deshalb sollte die Heilung, das Heil-Sein auch bei den kleinen Dingen beginnen. Wenn Du wartest, bis sie sich aufgehäuft haben, dann wird es schwierig. Die Anderswelt-Reise sollte und kann Dir deshalb auch dazu dienen, Dein Leben im Gleichgewicht zu halten oder es ins Gleichgewicht zu bringen, um die Notwendigkeit für die „Große Heilung" gar nicht erst entstehen zu lassen.

Deshalb ist es auch nützlich für uns heutige Mitteleuropäer, die Anderswelt-Reise zu erlernen. Diesen alltäglichen Beitrag zum Heil-Sein und Heil-Bleiben, diese Arbeit mit den kleinen Dingen, dieser Weg der alltäglichen Vollkommenheit steht jedem von uns offen. Die „Große Heilung" bleibt ohnedies dem Schamanen überlassen, seinen besonderen Fähigkeiten und seinem nur ihm eigenen Umgang mit der Anderswelt.

In diesem Zusammenhang ein Wort der Warnung: Jeder Schamane wird Dir sagen können, dass eine Krankheit immer (wenn auch in unterschiedlicher Gewichtung) Körper, Geist und Seele umfasst. Verschiedene Arten des Heilens haben unterschiedliche Ansätze. Die westliche Medizin setzt unmittelbar und ausschließlich am Körper an, während Schamanen und andere Heiler entweder den Weg über den Geist oder über die Seele gehen. Es erfordert viel Wissen und Erfahrung zu sehen, welcher dieser Wege der Erfolg versprechendste ist. Häufig ist es sinnvoll und nützlich, eine Erkrankung aus mehreren Richtungen gleichzeitig anzugehen. Auch wenn Du die Anderswelt-Reise beherrschst, bist Du kein schamanischer Heiler und solltest Dir deshalb auch nicht anmaßen, zu entscheiden, welche Form der Heilung gut und richtig ist. Trage mit dem Mittel der Anderswelt-Reise das Deine zur Heilung bei und verzichte keinesfalls auf gute medizinische Betreuung! – Heilen ist eine große Kunst, zu der unter anderem auch die Einsicht in die Angemessenheit und die Reichweite der vorhandenen Mittel gehört.

Heil Sein ist auch eine Kunst, aber eine Kunst des alltäglichen Lebens, also etwas, für das nur Du allein verantwortlich bist – und hier kann Dir die Anderswelt-Reise eine unschätzbare Hilfe sein. Heil Sein erfordert, wirklich lebendig zu sein, im Hier und Jetzt zu leben, die Verwobenheit mit allen anderen Wesen und Erscheinungen der Welt tatsächlich zu fühlen, unabhängig vom Auf und ab der kleinen Dinge des alltäglichen Lebens und den eigenen Platz im Leben zu finden und auszufüllen.

Nach allem, was ich in den vorangegangenen Kapiteln beschrieben habe, sollte Dir deutlich sein, dass Du mit der Anderswelt-Reise ein wunderbares Werkzeug in der Hand hältst, das Dir beim Heil-Sein unschätzbare Dienste leisten kann. Vergiss nur eines nicht: Hilfe wird nur demjenigen gewährt, der aktiv und nach bestem eigenen Vermögen sein Leben gestaltet. Wer sich nur auf andere verlässt, bekommt genau das, was er gibt – nämlich nichts.

Damit wären wir am Ende dieser Reise in die Anderswelt angekommen. Zum Abschluss möchte ich Dich noch mit einer praktischen Seite der schamanischen Arbeit bekannt machen, die wunderbar handfest ist, Dein Leben rundum bereichern und Deine schamanische Arbeit verbessern kann:

## Achtsamkeit in der Kunst des Bogenschießens

Sportliche Betätigungen haben neben der handwerklichen Perfektion auch immer etwas mit Konzentration, Aufmerksamkeit und Entspannung zu tun. Ein Mensch, der sich seiner selbst und seines Körpers bewusst ist und dessen Wahrnehmung gut ausgeprägt ist, kann mit Sicherheit in jeder Sportart besseres leisten als andere. Deshalb gehört schon seit langem zu jedem Sporttraining auch mentales Training, denn die Erkenntnis, dass die rein physischen Kräfte und Fähigkeiten nicht ausreichen, um Höchstleistungen zu erreichen, ist inzwischen fester Bestandteil der Sportpsychologie.

Die wenigsten Sportarten jedoch kreisen um den Zustand des Hier und Jetzt, diesen auch in der schamanischen Arbeit als Grundvoraussetzung so wichtigen Zustand. Die Kunst des Zen-Bogenschießens gehört zu den Hier-und-Jetzt-Künsten, aber auch das asiatische Bogenschießen der Lajos-Kassai-Reiterbogenschützen. Diese Art des traditionellen Bogenschießens der asiatischen Reitervölker wurde von Lajos Kassai wieder entdeckt, rekonstruiert und zu einer neuen Perfektion geführt. Das Ziel dieser Kampfsport-Art ist das Bogenschießen vom Pferd. Der eigentliche Kern jedoch, das von manchen "intuitiv" genannte Schießen selbst, ist die schamanischste aller Kampfsportarten, die ich kenne: Sie beruht auf einer Perfektionierung des „Hier und Jetzt" Zustands. Allerdings ist sie dann eher ein der Lust-Kraft verpflichteter Tanz als ein der Tod-Kraft untergeordneter Kampf.

Damit Du verstehen kannst, was ich meine, will ich Dir die wichtigsten Punkte kurz schildern: Bei dieser Art des Bogenschießens wird nicht „gezielt". Du kannst gar nicht zielen, weil der Pfeil sich nicht in Augenhöhe befindet, sondern auf der Höhe des waagerecht ausgestreckten Arms.

Das Zielen wird durch einen komplexen Bewegungsablauf ersetzt, in dessen Mitte der Pfeil gelöst wird. Du zielst nicht, Du triffst. Der Erfolg des Bogenschützen hängt vom Maß seiner Achtsamkeit ab: Wenn alle Einzelheiten zusammen stimmen, die Bewusstheit des Körpers, die Bewegung des Körpers, die Haltung des Körpers, des Bogens, des Pfeils, dann entsteht das, was die Psychologen den „Flow-Zustand" nennen, der manchmal auch ziemlich banal „Hausfrauen- oder Handwerker-Meditation" genannt wird.

In diesem Zustand geschehen die Dinge von selbst. Es gibt keine Grenze mehr zwischen dem Ausführenden, der ausgeführten Tätigkeit, den „Werkzeugen", dem Material. Alles fällt in einem Augenblick beliebiger Dauer zusammen, sogar die Konzepte von Raum und Zeit werden völlig bedeutungslos. Auch das Ich-Bewusstsein, das Ego, löst sich in diesem Zustand der vollständigen Übereinstimmung auf. Das ist der unbegrenzt lange oder kurze Augenblick der Perfektion, es ist der „Hier und Jetzt" Zustand.

Charakteristischerweise fällst Du aus diesem Zustand sofort wieder heraus, wenn Du Deine Aufmerksamkeit auf etwas lenkst und sei es nur, dass Du denkst: „Meine Güte, das ist ja fantastisch!" In diesem Augenblick schlägt die Achtsamkeit in gerichtete Aufmerksamkeit um, Dein Ego ist wieder da – und der „Flow-Zustand" zu Ende.

Die von den Lajos-Kassai-Reiterbogenschützen angewandte Technik des Bogenschießens ist deshalb die perfekte „Hier und Jetzt" Übung, weil sie nur dann bis zur Vollendung getrieben werden kann, wenn die Schützen in genau diesen Zustand eintreten.

Was geschieht? Die komplexen Bewegungsabläufe sind sehr unterschiedlich, je nachdem, ob vom galoppierenden Pferd oder in der Bewegung auf dem Boden geschossen wird. Die Kernbewegung ist jedoch immer gleich. Sie beginnt mit dem Heben des Bogens in die Schussposition und endet, nachdem die Sehne losgelassen wurde, wenn der Pfeil-Arm waagerecht ausgestreckt ist. Diese Kernbewegung ist völlig fließend, sie spannt, konzentriert, entlässt und entspannt die Kräfte.

Der Augenblick, in dem die Pfeil-Hand den Pfeil entlässt („release") ist der Jetzt-Punkt dieses Ablaufs. Sein Vergangenheits-Punkt ist das Heben des Bogens und sein Zukunftspunkt die Endposition mit waagerecht ausgestreckten Armen. Das Treffen als solches hat in diesem Ablauf gar keinen Platz. Es geschieht von selbst, wenn und nur wenn es dem Schützen gelingt, so im Hier und Jetzt zu sein, dass er den Jetzt-Punkt auf die gesamte Kernbewegung ausdehnt, wenn es ihm also gelingt, in den Flow-Zustand einzutreten, in dem das Konzept von verrinnender Zeit bedeutungslos ist.

Auch die Vorstellung von Raum wird einfach unwichtig. Es gibt keine Entfernung mehr, keine Distanz zwischen der Pfeilspitze und der Zielscheibe. Deshalb auch wird das Treffen bedeutungslos: Im Flow-Zustand gibt es einfach keinen Abstand mehr zwischen Scheibe und Pfeilspitze. Alles geschieht nicht nur in einem Augenblick, sondern auch an einem Punkt. Deshalb ist es für den Schützen so wichtig, die Zielscheibe kennen zu lernen. Sie muss ihm genau so vertraut sein wie Bogen, Pfeil und der eigene Körper, weil sie sonst nicht in diesen Zeit-Raum-Punkt einbezogen werden kann. Die Zielscheibe ist nicht das „Außen", sondern Teil des Zustands.

Jeder, der diesen Flow-Zustand, dieses „Hier und Jetzt" Sein schon einmal in einer Handwerker- oder Hausfrauenmeditation auch nur näherungsweise erlebt hat, weiß, wovon ich hier schreibe. Wenn Du es kennst, weißt Du allerdings auch, dass es so gut wie unmöglich ist, diesen Zustand bewusst und willentlich herbeizuführen. Wesentliche Teile der schamanischen Lebensführung und auch viel von dem Umgang mit der Anderswelt dienen dem Schamanen dazu, dem Hier und Jetzt immer näher zu kommen. Das ist für den Schamanen schon allein deshalb erstrebenswert, weil in diesem veränderten Zustand auch Alltagswelt und Anderswelt in einem Punkt zusammenfallen. Für den Nicht-Schamanen besteht der Nutzen darin, dass sein gesamtes Leben durch ein höheres Maß an Achtsamkeit schöner, erfüllter, erfolgreicher und sicherer wird. (Ein höheres Maß an Achtsamkeit wird Dich in Deinem Beruf weiterbringen, wird Deine Beziehung schöner und leichter gestalten, es wird Dein Leben auch sicherer machen, denn es verringert die Anfälligkeit für Unfälle und so weiter...)

Es gibt viele Möglichkeiten der achtsamen Lebensweise und einige Übungen, die Dich diesem Zustand sehr allmählich näher bringen. Doch keine davon funktioniert in meinen Augen so gut wie die Achtsamkeit in der Kunst des Bogenschießens:

1. In der Kernbewegung dehnst Du den Augenblick des Jetzt auf die gesamte Bewegung aus. Du dehnst ihn auf die Bewegungsabläufe aus, in die die Kernbewegung eingebettet ist – und irgendwann auf Dein gesamtes Leben.

2. Im Hier und Jetzt lässt Du den Raum schrumpfen, bis er in einem Punkt zusammenfällt. Du musst nicht mehr zielen. Du triffst einfach. Zuerst die Scheibe, dann die Mitte und irgendwann triffst Du auch die richtigen Entscheidungen, findest treffsicher Deinen Platz in der Welt...

3. Du näherst Dich diesem Zustand der perfekten Übereinstimmung zwischen Dir und der Welt (ohne ihn, bedingt durch die menschliche Fehlbarkeit, jemals ganz oder dauerhaft erreichen zu können) auf zwei Wegen: Du trainierst die handwerkliche Perfektion durch stetes Üben. Und Du steigerst Deine Achtsamkeit auf dem schamanischen Weg durch die Anderswelt-Reise und Deine schamanische Lebensführung. Gewiss wäre es möglich, nur das Handwerk oder nur die Achtsamkeit zu üben. Aber erst wenn beides zusammenkommt, kannst Du den Weg sicher und bis zu seinem Ende beschreiten.

4. Außerdem gibt es für Dich eine Erfolgskontrolle: Mit zunehmender handwerklicher Geschicklichkeit und zunehmender Achtsamkeit wird Deine Punktzahl größer! Du musst Dich also nicht in die Schar der pseudo-erleuchteten Eso-Touristen einreihen, die jenseits aller Erfolgskontrollen 30 Zentimeter über dem Boden schweben. Du kannst ganz bescheiden sagen: „Ich schieße 120 Punkte" und jeder, der sich in diesen Dingen auskennt, wird wissen, wer Du bist. – Vielleicht gefällt mir die Achtsamkeit in der Kunst des Bogenschießens auch deshalb so gut als schamanische Übung: Hier kann sich niemand durchmogeln, keiner kann irgendwelche geheimnisvollen Kräfte oder Erleuchtungen für sich in Anspruch nehmen. Entweder, Du zeigst, was Du kannst, oder Du bist ein Hühner-Schamane.

Wenn Du Dich für diese Kampfkunst interessierst, dann wende Dich an die deutsche Lajos-Kassai-Schule. Nähere Einzelheiten dazu findest Du im Anhang.

# Anhang

# Literaturverzeichnis

Dieses Buch über die Anderswelt-Reise sollte Dir alle Informationen geben, die Du wirklich brauchst. Was darüber hinaus geht, kannst Du Dir durch Deine eigenen Erfahrungen in und mit der Anderswelt selbst erarbeiten. Trotzdem ist es natürlich spannend zu sehen, was andere Menschen über dieses Thema herausgefunden haben – unter historischen, religionswissenschaftlichen, ethnologischen, psychologischen, wissenschaftstheoretischen und anderen Gesichtspunkten. Ich habe einfach in meinen Bücherschrank geschaut und Dir aus der Fülle der Bücher einige wenige herausgesucht, von denen ich denke, dass sie spannend sein könnten. Die Bewertungen sind natürlich meine eigenen, völlig subjektiven. Wenn ein Buch nicht aufgeführt sein sollte, von dem Du glaubst, dass es unbedingt lesenswert ist, freue ich mich über eine Nachricht an meine eMail-Adresse.

## Wissenschaftliches Denken

(1) **Hofstadter**, Douglas R., Gödel, Escher, Bach, *An Eternal Golden Braid*, New York, et al, 1982 (3)
Ein Penguin Book, auch in deutscher Sprache erschienen.
Eine hervorragende, amüsant geschriebene Einführung in das Thema Realität, Wissenschaft und Erkenntnis! Dieses Buch ist nach meinem Empfinden das schönste, das ich bisher zu diesem Thema gelesen habe – sehr empfehlenswert, aber trotz seiner lockeren Form nicht gerade ein intellektuelles Leichtgewicht.

(2) **Schrödinger**, Erwin, *Was ist ein Naturgesetz!*, Beiträge zum wissenschaftlichen Weltbild, München & Wien, 1979, 3
Der Autor ist ein bedeutender Wissenschaftler und Nobelpreisträger. Er befasst sich in diesem Büchlein in allgemeinverständlicher Form mit dem Thema Realität, Wissenschaft, Wahrnehmung und Erkenntnis.

(3) **Sheldrake**, Rupert, *A New Science of Life*, London, 1981

(4) **Sheldrake**, Rupert, *Das Gedächtnis der Natur*, Bern, München, Wien, 1990
Sheldrake wurde durch seine Hypothese der morphogenetischen Felder bekannt. Diese Hypothese könnte etliche Dinge im Zusammenhang mit der Wirkung von Ritualen erklären. Es lohnt sich, die Texte im Original zu lesen, da die Hypothese in vielen esoterischen Büchern völlig verzerrt dargestellt wird.

(5) **Prigogine**, Ilya & Stengers, Isabelle, *Dialog mit der Natur, Neue Wege naturwissenschaftlichen Denkens*, München, 1981, 1
Ein hochkarätiger Naturwissenschaftler und eine Wissenschaftsjournalistin haben sich zusammengetan, um einen allgemeinverständlichen Überblick über die Formen des wissenschaftlichen Denkens in den 80er Jahren zu geben.

**Sprache und Wahrnehmung**

(6) **Achterberg**, Jeanne, *Die heilende Kraft der Imagination*, Bern, München, Wien, 1985
Der englische Originaltitel „Imagery in Healing: Shamanism and Modern Medicine" deutet bereits an, dass die Autorin sich unter anderem ausführlich mit Symbol und Kunst als Fachsprache des Magischen im Gegensatz zur Mathematik als Fachsprache des Wissenschaftlichen beschäftigt. Ein sehr lesenswerter „Klassiker".

(7) **Hultkrantz**, Åke, *Shamanic Healing and Ritual Drama*, New York 1992
Die Arbeit eines renommierten Ethnologen über die Entstehung aller Kunstformen aus dem schamanischen Ritual, dargestellt am Beispiel des Dramas – sehr spannend zu lesen, aber leider nie in deutscher Sprache erschienen.

(8) **Jaynes**, Julian, *Der Ursprung des Bewusstseins durch den Zusammenbruch der bikameralen Psyche*, Hamburg, 1988
In diesem Buch kommt das Wort Schamanismus nicht einmal vor. Dennoch ist es Pflichtlektüre für jeden, der sich für die Hintergründe des Schamanismus, die Rolle der Sprache und der Wahrnehmung interessiert. Der Autor beschreibt den Übergang von einer Struktur der menschlichen Psyche, die ohne den unmittelbaren

Kontakt zum Numinosen nicht funktionieren kann, zu einer Struktur, in der diese Kontakte zum Ausnahmezustand (= Anderswelt-Reise und andere Formen veränderter Bewusstseinszustände) werden.

# Die Anderswelt-Reise

## Die ruheinduzierte Reise, die Verschiebungsreise

**(9) Gore**, Belinda, *Ekstatische Körperhaltungen*, Essen, 1996
Das ultimative Buch über die Reisehaltungen. Jeder, der sich mit diesem Thema näher beschäftigen will, muss die beiden Bücher von Felicitas Goodman und dieses Buch von Gore lesen.

**(10) Harner**, Michael, *The Way of the Shaman*, New York, 1980 (überarbeitete Neuausgabe 1990)
Dieses Buch ist auch in einer deutschen Ausgabe erhältlich (Der Weg des Schamanen). Harner hat den *core-shamanism* entwickelt, indem er aus seinen ethnografischen Forschungen den gemeinsamen Kern aller schamanischen Arbeit aus allen Kulturen der Welt zusammentrug. – Sehr empfehlenswertes Buch mit vielen praktischen Hinweisen.

**(11) Ingermann**, Sandra, *Die schamanische Reise*, Zürich, 2004
Sehr kurz gefasste Einführung in das Thema – mit CD. Für Anfänger empfehlenswert!

**(12) King**, Serge Kahili, *Der Stadt-Schamane*, Freiburg, 1991
Der Autor vertritt einige merkwürdige Thesen über den Schamanismus. Das liegt wahrscheinlich an der Mischung aus hawaiianischem Schamanismus und der Huna-Philosophie, die King für sich entwickelt hat.

**(13) Uccusic**, Paul, *Der Schamane in uns*, Genf, 1991
Der Autor ist autorisierter Lehrer des Core-Shamanism (siehe Harner). Das Buch ist sehr weitschweifig und enthält Informationen, die zumindest diskussionswürdig sind.

## Die bewegungsinduzierte Reise, die Ekstase-Reise

**(14) Doore**, Gray (Hrsg), *Opfer und Ekstase*, Freiburg, 1988
Eine Sammlung von Erfahrungsberichten traditioneller Schamanen und Berichte über die Zusammenarbeit von Medizinern und traditionellen indianischen Schamanen – lesenswert.

**(15) Eliade, Mircea**, *Schamanismus und archaische Ekstasetechnik*, Zürich, 1954
Dieses Buch gibt es als Taschenbuch in einer aktuellen Auflage. Es ist nach wie vor die wichtigste Veröffentlichung über Geschichte, Art und Herkunft des Schamanismus – Pflichtlektüre.

**(16) Findeisen**, Hans & Gehrts, Heinz, *Die Schamanen*, München, 1989
Historische Berichte mit Kommentaren der Autoren. Interessante Materialsammlung.

**(17) Golowin**, Sergius, *Das Reich der Schamanen*, München, 1981
Laut Klappentext befasst sich dieser Titel mit der Geschichte der sibirischen und europäischen Schamanen, gibt dazu aber nur wenig her. Wer sich für das historische Umfeld des Schamanismus interessiert, kommt hier eher auf seine Kosten.

**(18) Goodman**, Felicitas D., *Trance – der uralte Weg zum religiösen Erleben*, Gütersloh, 1992

**(19) Goodman**, Felicitas D., *Wo die Geister auf den Winden reiten*, Freiburg, 1989
Beide Bücher von Goodman sind Klassiker mit einer Fülle an Informationen und wichtigen Kommentaren. Pflichtlektüre!

**(20) Kalweit**, Holger, *Urheiler, Medizinleute und Schamanen*, München, 1987
Eine Sammlung von Berichten über traditionelle Schamanen, die Geschichte des Schamanismus im Überblick.

**(21) De Mille**, Richard, *Die Reisen des Carlos Castaneda*, Bern, 1980
Der Autor weist nach, dass die Bücher Castanedas keine Tatsachenberichte, sondern vielmehr Erfindungen sind. Es gab einen Skandal, weil Castanedas erstes Buch als ethnologischer Feldbericht deklariert war und er seinen Doktortitel dafür bekam, denn es stellte sich heraus, dass der gesamte Inhalt dieses Textes frei erfunden war. – Das hat übrigens nichts mit der „inneren Wahrheit" von Castanedas Büchern zu tun.
Sie enthalten viele Aussagen über die schamanische Arbeit, bei denen der Kenner sich fragen muss, woher Castaneda sie wohl haben könnte, wenn sie nicht auf Feldforschung beruhen.

**(22) Krippner**, Stanley & Scott, Patrick, *Zwischen Himmel und Erde, Spirituelles Heilen der Schamanen, Hexen, Priester und Medien*, Dusslingen, 1987
Dieses Buch wurde als Manuskript gedruckt und ist deshalb schwer zu bekommen. Aber es enthält die ausführlichste Betrachtung der gesellschaftlichen Entwicklung des Schamanismus und ist deshalb Pflichtlektüre.

**(23) Tedlock**, Dennis & Barbara (Hrsg), *Über den Rand des tiefen Canyons*, Düsseldorf, Köln, 1980
Erfahrungsberichte traditioneller Schamanen – unbedingt lesenswert.

**(24) Villoldo**, Alberto & Jendresen, Erik, *Die Macht der Vier Winde*, Hamburg, 1993
Der Initiationsbericht eines Reisenden, der in Südamerika Schamanen kennen lernt – durchaus lesenswert.

**(25) Wolf**, Fred Alan, *The Eagle's Quest*, New York, 1991
Der Initiationsbericht eines renommierten weißen Wissenschaftlers (Quantenphysiker), unbedingt lesenswert, leider aber immer noch nicht in deutscher Sprache erschienen.

## Rituale – Heilung

**(26) Achterberg**, Jeanne, *Rituale der Heilung*, München, 2001
Eine ausführliche Betrachtung von Heilungsritualen und der heilenden Wirkung ritueller Elemente aus medizinischer Sicht – sehr lesenswert!

**(27) Alber**, Gregor, *Gesellschaftliche Stellung und Aufgaben des Medizinmannes bei den Prärie- und Plainsindianern*, Freiburg, 1993, (Dissertation)
Medizinmänner sind zwar keine Schamanen, trotzdem enthält das Buch auch viel Wissenswertes über Schamanen und das Heilen.

**(28) Dossey**, Larry, *Die Medizin von Zeit und Raum*, Hamburg, 1987
Eine hervorragende Zusammenfassung „alternativer" Heilkunst unter besonderer Berücksichtigung des Schamanismus.

**(29) Mails**, Thomas E., *Geheime Indianische Pfade*, München, 1991
Trotz des Titels handelt es sich um ein sehr lesenswertes Buch, in dem vor allem einfühlsam heute noch praktizierte indianische Rituale und ihre weltanschaulichen Hintergründe beschrieben werden.

**(30) Wolf**, Fred Alan, *The Eagle's Quest*, New York, 1991
Unter anderem eine ausführliche Diskussion des Feuerlaufs als besondere Form des Rituals und die Betrachtung des völligen Fehlschlagens „wissenschaftlicher" Erklärungsversuche.

## Das Magische – die Synchronizität

**(31) Koestler**, Arthur, *Die Wurzeln des Zufalls*, Freiburg, 1974

**(32) Koestler**, Arthur & Hardy, A. & Harvie, R., *The Challenge of Chance*, New York, 1973
In diesen beiden Titeln findet sich eine hervorragende Übersicht über das Thema Synchronizität aus der Sicht eines Wissenschafts-Autors gesehen. Beide Bücher gehören zur Pflichtlektüre.

## Nachwort

Dieses Buch ist Teil des Projekts „Megin-Tor", das unter Anderem aus mehreren Sachbüchern und Romanen besteht. Bisher sind bereits erschienen:

Axel Brück, Schamanische Ritualmusik und die Kraft der Klänge, Arun, 2005
Axel Brück, Die Andersweltreise, Praxisbuch Schamanische Reise, Arun, 2005
Axel Brück, Die Herrin und der Sommerkönig, Arun, 2006 (Roman)
Axel Brück, Runen Leben, Arun, 2006
Axel Brück, Die Kraft der Heilung, Arun, 2007
Axel Brück, Die Kraft der Rituale, Arun, 2008
Axel Brück, Seele, Selbst und Karma,
Das Bild des Menschen in schamanischer Sicht, Arun, 2008

Da ich immer wieder gefragt werde, warum auch Romane in dieses Projekt gehören, weise ich darauf hin, dass „Die Herrin und der Sommerkönig" zwar spannende Unterhaltung in Fantasy-Form ist, zugleich aber auch eine Art „Lehrbuch" der Hexen- und Schamanen-Dinge, die sich in einem Sachbuch nicht unterbringen lassen. Die Geschichte lässt vor den Augen des Lesers ein Bild davon entstehen, wie unsere Vorfahren mit dem Magischen und dem Göttlichen in der Welt tatsächlich umgegangen sind und wie ihr Leben dadurch bestimmt wurde.

Weitere Bücher werden folgen und insgesamt ein aus schamanischen Anschauungen und Einsichten entstandenes Weltbild beschreiben, das ich die „Megin-Lehre" nenne, die Lehre von den drei Kräften. Die Megin-Lehre (Megin ist ein altnordisches Wort für Kräfte, innere Kräfte) baut auf dem auf, was unsere Vorfahren über die Welt wussten. Im Laufe der letzten vierzig Jahre habe ich versucht, dieses Wissen zusammenzufassen, auf den heutigen Stand zu bringen, es mit unserem wissenschaftlichen Weltbild zu versöhnen und in eine Form zu gießen, mit der wir Menschen der Gegenwart tatsächlich etwas anfangen können.

Das Wissen um die Arbeit der Schamanen, Hexen und Priester und um dieses Weltbild der Megin-Lehre geben wir, meine Freunde und ich, in unseren Workshops, Seminaren und Vorträgen weiter.

Wer sich dafür interessiert, sollte sich meine Homepage anschauen: www.megin-tor.de oder www.axun-edition.de oder per Email mit mir Kontakt aufnehmen: axel@megin-tor.de. Ich bemühe mich, alle Emails zu beantworten, auch wenn es manchmal ein wenig dauert.

Seit fast 30 Jahren beschäftige ich mich mit dem Schamanismus und seit annähernd 40 Jahren mit den Traditionen unserer Vorfahren, insbesondere mit der Megin-Lehre und der Runenkunde.

Ich biete Workshops und Seminare zu diesen Themen an. Dabei ist die Beschäftigung mit der Vergangenheit, mit den Traditionen unserer Vorfahren weder zweckfreies Spiel noch nostalgische Verklärung der „guten, alten Zeit", die es in Wirklichkeit nie gegeben hat, sondern der Versuch, Wissen, Weisheit und Einsicht unserer eigenen Traditionen für uns heute Lebenden nutzbar zu machen. Wir wollen und können das Rad der Zeit nicht zurückdrehen! Aber wir können unser Leben bereichern, indem wir lernen.

In „esoterischen" Kreisen ist leider die Unsitte verbreitet, die Ratio und den Intellekt gering zu schätzen und nur auf die Dinge der nicht-alltäglichen Wirklichkeit zu achten. Diese Art des Umgangs mit der Welt ist zum Scheitern verurteilt, ebenso wie die rein „materielle" Sichtweise. Die Welt besteht in der Anschauung der Schamanen aus drei Elementen oder Ebenen, die unauflösbar miteinander verknüpft sind - und keine dieser Ebenen oder Elemente kann ohne die andere existieren.

Die Welt der Wissenschaft und des rational Fassbaren ist die alltägliche Wirklichkeit, in der wir Menschen uns überwiegend bewegen. Die Welt der schamanischen Arbeit und anderer Arten des Umgangs mit den "Geistern und Kräften" ist die Welt der nicht-alltäglichen Wirklichkeit, die Anderswelt, und die Welt der Götter ist das Numinose. Wissen, Weisheit und Einsicht sind unsere menschlichen Möglichkeiten der Welterfahrung und wenn wir eine davon missachten oder gering schätzen, werden wir uns in der Welt nicht zurechtfinden.

Deshalb habe ich in diesem Buch auch immer großen Wert darauf gelegt, nach besten Kräften das, was wir im Sinne der Wissenschaft wissen können, von dem zu unterscheiden, was wir auf andere Art lernen können. Jedes andere Vorgehen führt nur zu Konfusion und zu einer Wischi-Waschi-Haltung der Welt gegenüber, die kein Schamane schätzen würde.

Es gibt drei menschliche Erkenntnisweisen, die nicht miteinander vermengt werden können und dürfen – und jede davon ist auf ihre Weise präzise, überprüfbar und ebenso praktisch wie wichtig für den Umgang mit der Welt. Nur wenn wir in allen dreien gleich achtsam, wachsam und sorgfältig sind, können wir in jeder davon gute Arbeit leisten – und unser Leben schöner, reicher und spannender gestalten.

Während ich die letzten Aktualisierungen für diese 4.Auflage durchführe, haben sich einige wesentliche Dinge ereignet: Die Lajos Kassai Reiterbogenschule und die Ehmorin Schule der schamanischen Kampfkünste, die von meinen Freunden und Mitstreitern Pettra Engeländer und Joachim Büchau geleitet werden, haben sich in Sünna in der Rhön angesiedelt. Auch ich habe meine Aktivitäten dorthin verlagert, so dass Megin Tor auch als geografischer Ort entstanden ist. Weitere Freunde sind zur Zeit dabei, sich ebenfalls in der „Goldenen Aue" am Keltendorf anzusiedeln, um mit uns zusammen Megin Tor wirklich mit Leben zu erfüllen.

Unsere Homepage www.megin-tor.de gibt Auskunft über unsere Aktivitäten.
Wir haben es uns unter Anderem gemeinsam zum Ziel gesetzt, den gesamten Zyklus der Jahresfeste als „große" Rituale wieder lebendig werden zu lassen und auch sonst die Dinge für uns und andere greifbar zu leben, die in meinen Büchern beschrieben werden.

Nachwort zur 4. Auflage !

## Hinweis des Verlages zur 5. Auflage

Leider trat Axel Brück zu Beltaine 2010 seine große Reise in die anderen Welten an. Daher liegen uns zum gegenwärtigen Zeitpunkt noch keine gesicherten Informationen vor, wie es mit dem Projekt Megin-Tor zukünftig weitergeht. Bitte beobachten Sie bei Interesse einfach in regelmäßigen Abständen die Homepage.

# Die CD zum Buch:

## Die Anderswelt-Reise

Diese CD enthält zwei aufeinander abgestimmte Stücke:

1. 22 Minuten Trommel (gespielt auf einer einfachen Rahmentrommel) für die Vorbereitung der Reise
2. 15 Minuten Reiseklang (gespielt auf einer nordischen Rahmentrommel – die Abbildung der Trommel findest Du im Buch: Abbildung 11 auf der Seite 96)

Sehr wichtig: Diese CD dient der Anderswelt-Reise. Sie ist nicht zum „nur Anhören" gedacht und geeignet. Verwende die CD niemals wenn Du Auto fährst, an technischen Geräten oder Maschinen arbeitest oder etwas tust, was Deiner Aufmerksamkeit bedarf!

Beide Stücke sind sehr „basslastig", die Hauptfrequenz liegt zwischen dreißig und vierzig Hertz! Also Vorsicht mit dem Subwoofer! Regele die Lautstärke anhand des zweiten Stücks! Es ist der Reiseklang, der darüber entscheiden sollte, wie laut Du die CD abspielst. Die Aufnahme ist so gestaltet, dass das erste Stück dann automatisch die optimale Lautstärke hat.

Über die Achtsamkeit in der schamanischen Kunst des Bogenschießens erhältst Du nicht nur im MEGIN-Haus Informationen. Wende Dich ebenfalls an:

Kassai-Reiterbogenschule Pettra Engeländer
Hippocampus e.V.
Internet: www.steppenreiterin.de und www.lajoskassai.de
Kontakt: pettra@lajoskassai.de

Das Gesamtprogramm des Verlages sehen Sie auf unserer Homepage. Hier finden Sie neben dem Gesamtverzeichnis und unserem Onlineshop viele Informationen zu unseren Titeln, Inhaltsverzeichnisse, Lese- und Hörproben, eine aktuelle Liste mit Veranstaltungen unserer Autoren und noch einiges mehr:

**www.arun-verlag.de**

Axel Brück

## Seele, Selbst und Karma

Das schamanische Bild vom Menschen

Was ist das Jenseits, die Seele, das Selbst? Was meint Wiedergeburt und Karma? Was wissen wir – und was *glauben* wir nur über die „letzten Dinge"?

Axel Brück beschreibt das schamanische Bild des Menschen vom Wechsel zwischen Leben und Tod, der Unpersönlichkeit der Wiedergeburt und der Natur des „Karma".

Er arbeitet scharf den Unterschied heraus zwischen Religion und Glauben, zwischen Mono- und Polytheismus und weist auf die persönliche Erfahrbarkeit des Göttlichen.

Wie der Buddhismus die östliche Lehre von den letzten Dingen beschreibt, so zeigt uns Axel Brück in diesem Buch unser eigenes, auf europäischem Weltbild und naturspiritueller Tradition beruhendes Verständnis von Seele, Selbst und Karma.

152 Seiten, 22 s/w Abb.,
17,0 x 24,0 cm, Broschur
ISBN 978-3-86663-031-4
€ 18,00 / 27,90 SFR

Axel Brück

## Schamanische Ritualmusik

... und die Kraft der Klänge

Der Autor erklärt die Wirkungsweise und die Instrumente (Trommel, Rassel, Flöte, Horn, Dord und Didgeridoo, u.v.a.).

Er gibt praktische Tipps und ermutigt zu eigenen Ritualen, so zum Beispiel zur Schamanischen Reise oder zur Tanz-Ekstase.

Auf der beiliegenden CD ist eine Live-Aufnahme eines schamanischen Ekstase-Rituals zu hören.

128 Seiten, 30 s/w Abb.,
17,0 x 24,0 cm, Broschur
inkl. CD mit 9 Tracks
und über 65 min. Spielzeit
ISBN 978-3-935581-78-3
€ 19,95 / 30,50 SFR

Axel Brück

**Die Kraft der Rituale**

Was ist ein Ritual und welche Arten gibt es? Wie funktioniert es, woraus bezieht es Kraft, was sind seine Bestandteile?

Brück schreibt fachkundig und aus eigener Praxis über Gebrauch und Entstehung von Ritualen, welche Ziele ein Ritual haben sowie aus welchen „Bausteinen" es bestehen kann, was bei der Durchführung zu beachten ist und ob ein Ritual „Zuschauer" haben sollte. Er widmet sich auch detailliert den Ritualen des Lebens.

Brück legt hiermit das grundlegende Buch vor für schamanisch und magisch Interessierte, Naturreligiöse, Heiler, Therapeuten und Pädagogen, also für all diejenigen, die in Freizeit oder Beruf mit Ritualen arbeiten.

176 Seiten, 26 s/w-Abb.,
17,0 x 24,0 cm, Broschur,
ISBN 978-3-86663-023-9
€ 18,00 / 27,90 SFR

Axel Brück

**Die Kraft der Heilung**

Analog zur Unterteilung des Menschen in Körper, Geist und Seele gibt es drei grundsätzlich verschiedene Methoden des Heilens, die alle drei ihre Berechtigung und ihre Wirkung haben.

Erfolgsautor Brück beschreibt hier nicht alternative Heilmethoden oder von der Schulmedizin belächelte Therapien. Vielmehr geht es um das magische Heilen, um das Heilen der Priester, Hexen und Schamanen.

Brück gewährt uns einen neuen unverstellten Blick auf die Arbeit der Hexen, Schamanen, Priester, Magier sowie die Knochensetzer und Kräuterfrauen unserer eigenen kelto-germanischen Vergangenheit.

184 Seiten, 37 s/w-Abb.,
17,0 x 24,0 cm, Broschur
ISBN 978-3-86663-015-4
€ 18,00 / 27,90 SFR

Vicky Gabriel & William Anderson

**Seelenpfade**

Schamanische Wege zur Heilung von Körper und Geist

Dieses Buch präsentiert eine Vielzahl schamanischer Techniken, die der Heilung von Körper und Seele wie auch dem Persönlichkeitswachstum dienen.

Es bietet einen breiten Fundus an Werkzeugen, die sowohl für Therapeuten als auch den selbstverantwortlich an seiner eigenen Heilung arbeitenden Laien geeignet sind und sich ebenso an Einzelpersonen wie auch an schamanisch arbeitende Gruppen richten.

Aus dem Inhalt:

- Ein europäisches Medizinrad & die Stellungsarbeit auf dem Medizinrad
- Reinigungs- und Zentrierungstechniken
- Krafttier-Arbeit im Alltag
- Bewegungsarbeit in Trance & Trancereisen
- Seelenrückholung
- Shape-Shifting
- Schamanische Traumarbeit
- Redestabrituale
- die Schwitzhütte & vielfältige andere Naturzeremonien ...

Ein, wenn nicht der erste umfassende Leitfaden zu schamanischer Kraft- und Wachstumsarbeit auf dem deutschen Markt!

400 Seiten, 17,0 x 24,0 cm, Broschur,
ISBN 978-3-935581-83-7
€ 19,95 / 30,50 SFR